# ADAC Reiseführer

# Madeira

Von Daniela Schetar
und Friedrich Köthe

# Inhalt

Auftakt:
**Madeira – wo Licht und Schatten miteinander in Wettstreit treten** 6

**Geschichte, Kunst, Kultur im Überblick** 12

## Sehenswürdigkeiten

**Funchal und Umgebung – rund um die Fenchelbucht** 18

1 **Funchal** 18
   Von Funchals Marina in luftige Höhen 19
   Zona Velha – wo alles begann 28
   Die Hotelzone 31
   Pico dos Barcelos 34
2 **Jardim Botânico da Madeira** 38
3 **Blandy's Garden** 39
4 **Monte** 41
5 **Camacha** 45
6 **Caniço** 45
   Caniço de Baixo 46
7 **Câmara de Lobos** 49
8 **Estreito de Câmara de Lobos** 51
   Cabo Girão 51
9 **Curral das Freiras** 52

*Üppiges Grün – das ist es, was viele Urlauber nach Madeira zieht*

# Inhalt

*Goldfarbene Sandstrände gibt es wenige auf Madeira – dafür aber zahlreiche fantastische Meeresschwimmbecken*

## Nach Westen – weiße Dörfer zwischen Bananenstauden und Weinreben    55

- 10  Ribeira Brava  55
- 11  Ponta do Sol und Madalena do Mar  58
   Arco de Calheta  59
- 12  Calheta  60
   Jardim do Mar  63
   Prazeres  63
   Paúl do Mar  63
- 13  Ponta do Pargo  65

## Die Nordküste – Wasserfälle und Meer    67

- 14  Porto Moniz  67
- 15  Ribeira da Janela  69
- 16  Seixal und Ribeira do Inferno  69
- 17  São Vicente  70
- 18  Ponta Delgada und Boaventura  72
- 19  São Jorge  73
- 20  Santana  74
- 21  Casas das Queimadas und Caldeirão Verde  77
- 22  Pico Ruivo  80
- 23  Faial und Penha de Águia  81
- 24  Porto da Cruz  82
   Paso de Portela  83

## Im Südosten – ein herbes Paradies  85

- 25  Santo António da Serra  85
- 26  Machico  86
   Pico do Facho  91
- 27  Caniçal  92
- 28  Ponta de São Lourenço  95
- 29  Santa Cruz  96

*Die Inselhauptstadt Funchal ist stolz auf ihre vielen Klöster und Kirchen*

Inhalt

*Großartige grüne Bergwelt – Madeira ist ein Traumziel für Wanderer …*

## Das Inselinnere – Felszacken, Quellen und ein Hochmoor  99

- **30 Ribeiro Frio  99**
  Levada do Furado  100
  Balcões  100
- **31 Pico do Arieiro  101**
- **32 Boca da Encumeada  103**
- **33 Paúl da Serra  105**
- **34 Rabaçal  108**
  Cascada do Risco  109
  Levada 25 Fontes  109

*… die auf dem Pico do Arieiro am Ziel ihrer Wünsche sind*

## Porto Santo – Badeparadies vor der Küste Madeiras  111

- **35 Vila Baleira  111**
- **36 Campo de Baixo  116**
- **37 Salões  118**
- **38 Pico do Castelo  118**
- **39 Camacha  119**
- **40 Serra de Dentro  120**

### Karten und Pläne

Madeira  vordere Umschlagklappe
Funchal  hintere Umschlagklappe
Jardim Botânico da Madeira  39
Blandy's Garden  40
Machico  87
Porto Santo  112

**Register  140**

**Bildnachweis  142**

**Impressum  144**

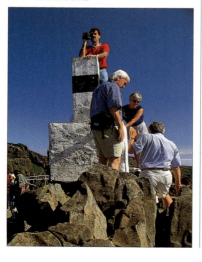

Inhalt

## Dies und Das

*Wo Flora ihr Füllhorn ausschüttet – Madeira ist die ›Blumeninsel‹*

Wunderschöne Kachelmalerei 21
Reid's oder wie eine Hotellegende entsteht 32
Wo Blumenkönige und Wurstbäume in den Himmel wachsen 37
Wanderung nach Monte 42
Feine Stiche 76
Walfang-Vergangenheit 93
Laurazeen – ein üppiges Geschenk der Natur 100
Raffinierte Bewässerungstechnik 107
Geschichten eines Weltreisenden 113
Auf hoher See gereifter Tropfen 128

## Madeira aktuell A bis Z

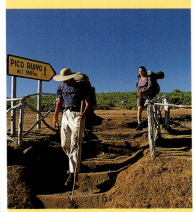

*Den Naturschönheiten am nächsten kommt man auf den Wanderpfaden*

Vor Reiseantritt 123
Allgemeine Informationen 123
Anreise 125
Bank, Post, Telefon 125
Einkaufen 126
Essen und Trinken 127
Feste und Feiern 129
Klima und Reisezeit 130
Kultur live 131
Nachtleben 131
Sport 131
Statistik 132
Unterkunft 133
Verkehrsmittel im Land 134

## Sprachführer 136

# Madeira – wo Licht und Schatten miteinander in Wettstreit treten

Blumeninsel im Atlantik, Eiland des ewigen Frühlings, Überrest des legendären Atlantis – Madeiras Schönheit vermögen all diese Titel nicht ganz zu fassen. Denn seine Reize sind so eigenwillig, vielfältig und durch das Zusammenspiel von Landschaft und Klima immer wieder einzigartig, dass wohl jeder Besucher ›sein‹ Madeira in einem ganz eigenen Licht sieht – **Licht** im wahrsten Sinne des Wortes. Denn das nie ruhende Spiel von Sonne und Wolken zaubert immer neue Reflexe und Farbschattierungen auf Landschaften und Dörfer und bringt damit die vielfältigsten **Stimmungsbilder** hervor. Zwischen der melancholischen Schläfrigkeit unter tief hängenden Gewitterwolken und dem übermütigen Tanz funkelnder Sonnenstrahlen auf den von Regen benetzten Blüten der Orchideen und Hortensien steht oftmals nur ein kurzer Windstoß.

Dem Gast bietet Madeira eine Fülle verschiedener **Freizeitaktivitäten**: Wanderer kommen entlang der über die Insel führenden Levada-Wege auf ihre Kosten, kulturell Interessierte finden in der Hauptstadt **Funchal** eine Vielfalt hervorragend ausgestatteter Museen, zu deren originellsten sicherlich die dem Zucker gewidmete Ausstellung gehört. Abseits der quirligen Metropole locken zwischen Weinreben und Bananenplantagen Kirchen und Kapellen, in denen es wertvolle flämische Gemälde, manuelinische Kunstwerke und prachtvolle Azulejos zu bewundern gilt. Ehemalige Herrenhäuser *Quintas* genannt, verwöhnen den Besucher als nostalgische Herbergen mit größtem Komfort, einsame Berghütten bieten dem Wanderer ein Dach über dem Kopf und deftige Verpflegung, und entlang der fast durchgängig von schroffen Felsklippen gesäumten Küste laden Hotels zum Baden und Sonnen.

Madeira, das abgesehen von einem spanischen Intermezzo seit der Entdeckung bis heute zum Mutterland **Portugal** gehört, hat sich dank seiner isolierten Lage eine *kulturelle Eigenständigkeit* bewahrt, die in der Sprache der Menschen, in ihren Kulten und Festen ebenso zum Ausdruck kommt wie in der madeirensischen Küche. Ein Flair des nahen Afrika, kombiniert mit Elementen aus jenen Ländern, in die viele Inselbewohner

**Oben:** *Korbschlittenfahrt in Monte*
**Rechts:** *Selten präsentiert sich die Nordküste unter einem so strahlend klaren Himmel*
**Rechts oben:** *Edler Madeirawein*

aus- und teils wieder zurückgewandert sind – Südamerika und die Republik Südafrika stehen hier an erster Stelle –, verleiht der harten Lautmelodie des Portugiesischen einen weichen, singenden Ton. Tiefe Frömmigkeit vermischt sich bei den Katholiken vor allem auf dem Land mit einem fast archaisch anmutenden Glauben an Wunder und Heiligenerscheinungen und gelegentlich kommt auch ein vom Islam entlehnter Fatalismus zum Vorschein. Unübersehbar sind die Einflüsse der lange Zeit wichtigsten Handelspartner und treuesten Wintergäste Madeiras, der Briten: Nicht nur, dass viele der sonst so temperamentvollen Madeirenser unbeirrbar den *Five o'clock tea* zelebrieren, auch die sonst deftige Küche, in der nicht mit Knoblauch und Gewürzen gespart wird, zeigt in den fast naturbelassenen Gemüsebeilagen englische Tradition.

## Aus dem Meer geboren

Doch zurück zu den Ursprüngen: Die **Hauptinsel Madeira** bildet mit **Porto Santo,** den drei **Desertas** und den Felsklippen der **Selvagens** den aus dem Atlantik ragenden Überrest eines riesigen Vulkansystems, das in der Kreidezeit und dem Tertiär durch unterseeische Eruptionen geschaffen wurde und sich vor rund 20 Mio. Jahren aus dem Meer erhob. Seither haben die Kräfte der Erosion – Wind, Regen und Flüsse – die ursprünglich konischen Vulkankegel abgeschliffen und zerfurcht. Weiches Gestein wie die durch Vulkanasche entstandenen Tuffablagerungen wurden weggespült, die harten Basaltkerne aber blieben als markante Felsspitzen erhalten. In Madeiras **gebirgigem Inneren** und auf den beiden Hochebenen, Paúl da Serra und Santo da Serra, wuschen Bäche tiefe Schluchten und Schründe ins Gestein, sodass die Insel heute wie ein ovaler Gugelhupf mit unzähligen Rippen aussieht, durch die das in den Höhenlagen entspringende Wasser seinen Weg ins Meer nimmt. An den Mündungen der größeren, *Ribeiras* genannten Flüsschen öffnen sich die Schluchten zu kleinen **Buchten.** Dies sind die einzigen Stellen, an denen

**Oben:** *Madeira-Souvenirs wie Folklorepuppen und Strickwaren werden in liebevoller Handarbeit gefertigt*

**Mitte:** *Noch heute ist der Fischfang ein wichtiger Erwerbszweig auf der Insel*

**Rechts:** *Ein atemberaubendes Panorama bietet sich vom wolkengerahmten Pico do Arieiro im Inselinneren*

menschliche Siedlungen in Meeresnähe möglich waren und sind.

Einen markanten Unterschied im **Küstenprofil** gibt es zwischen der nördlichen und der südlichen Hälfte der Insel. Während die Gebirgsstöcke im **Norden** steil, stellenweise sogar nahezu senkrecht ins Meer fallen, vollzieht sich der Übergang vom Gebirge zur Küste im **Süden** etwas sanfter. Deshalb ist dieser Teil Madeiras wesentlich dichter besiedelt, und hier befinden sich auch die großen Hotel- und Badezonen um **Funchal** und **Caniço de Baixo**. Trotz der lieblicheren Landschaftsgestalt besitzt auch der Süden nur kleine Kiesstrände. Fast alle Hotels verfügen aber über Meeresschwimmbecken und Leitern, die ins Meer hinunterführen und ungetrübte Badefreuden im Atlantik ermöglichen.

Das Innere Madeiras wird von einem vielfach gegliederten Gebirgsstock dominiert, dessen höchster Gipfel, der *Pico Ruivo,* 1861 m erreicht. Nur an zwei Stellen weichen die kühn gen Himmel strebenden Basaltspitzen des Massivs etwas zurück und lassen Raum für **Hochebenen**: Im Osten bei **Santo da Serra** und im Nordwesten, wo die sumpfige **Paúl da Serra** eine Fläche von 102 km$^2$ bedeckt und mit ihren Schaf- und Rinderweiden, den nebelverhangenen Farnpolstern und plätschernden Quellbächen dem Besucher vorgaukelt, in einem schottischen Hochmoor gelandet zu sein.

**Oben links:** *Luxuriösen Komfort verspricht das Reid's Palace Hotel*

**Oben rechts:** *Symphonie in Blau – Funchals Felsenschwimmbad Lido*

# Auftakt

**Rechts:** *Wunderwerke der Vegetation – leuchtende Fackellilie, seltene Orchidee und bombastische Bananenstaude*
**Unten links:** *Porto Santos Strand verwöhnt mit feinstem Sand*
**Unten rechts:** *Bei Heiligenfesten versinken die Orte in einem Blumenmeer*

## Ein Garten Eden

Ein deutliches Zeugnis für den einstigen Vulkanismus legt die schier unerschöpfliche **Fruchtbarkeit** der Insel ab. Vulkanerde, Wasserreichtum und die häufigen Niederschläge haben die Insel in einen Garten Eden verwandelt, dessen landwirtschaftliche Erträge so hoch sind, dass sie die für den Anbau ungünstige Oberflächengestalt völlig vergessen lassen. Seit der *Entdeckung* Madeiras im Jahre 1419 haben Bauern die steilen Hänge gerodet, in mühevoller Kleinarbeit Terrassenfelder angelegt und die Flüsse und Bäche zu *Levadas*, schmalen Bewässerungskanälen, gefasst, die Insel und Felder wie ein Spinnennetz überziehen. So gut wie jede Pflanze, die je hier gesetzt wurde, gedieh und brachte guten Ertrag. Deshalb präsentiert Madeira eine atemberaubende **Fülle botanischer Bewohner** aus allen Teilen der Welt. Diese Bereitschaft, alles Fremde mit offenen Armen zu empfangen, hatte einen entscheidenden Nachteil. Die ursprüngliche Flora wurde fast völlig verdrängt. Die Überreste des *Laurazeenwaldes*, der früher wohl die ganze Insel bedeckte, ste-

hen bei Rabaçal und Ribeiro Frio heute unter Naturschutz. Auch in den **Gartenanlagen** rund um Funchal gedeihen madeirensische Pflanzen wie der Schopffingerhut, der Storchschnabel, der Drachenbaum und die vier wichtigsten Lorbeerarten. Gegen den strahlenden Glanz der importierten Strelitzien, Orchideen, Calla und Proteas können sich die unscheinbaren ältesten Bewohner Madeiras aber nur schwer behaupten.

## Wie wird das Wetter?

Madeiras Klima ist ebenso vielfältig wie die Landschaften und die Flora der Insel. Während die Sonnenhungrigen in Funchals Hotelresorts die wärmenden Liebkosungen des Tagesgestirns genießen,

stehen ihre unternehmungslustigen Reisegenossen knappe 20 km entfernt am **Curral das Freiras** vielleicht in dichten Nebelschwaden und Regen. Zwar gibt sich Madeiras beliebteste Tageszeitung ›Diário de Notícias‹ große Mühe, das Wettergeschehen auf dem 741 km² großen Eiland detailliert zu analysieren – wirklich zutreffend sind diese Voraussagen aber nur selten. Ob, wann und wie lange es hier regnet, während einige Kilometer weiter die Sonne vom Himmel brennt, scheint ein überaus *launischer Wettergott* zu bestimmen. Zugleich beschert er der Insel aber ein im Jahreslauf sehr gleichmäßiges, **mildes Klima,** bei dem es dem Gast nie wirklich zu warm, aber auch nicht zu kalt wird.

## Madeiras Satelliten

Porto Santo ist ganz anders als Madeira: Die kleine Schwester besitzt einen goldgelben, endlos langen **Strand,** sie hüllt sich seltener in Wolken, trägt deshalb aber auch kein so grünes Mäntelchen wie die ›Holzinsel‹. Porto Santo ist ein perfektes **Ferienparadies** für Strandurlauber und der ideale Abschluss eines abwechslungsreichen Madeira-Aufenthalts. Auf die Felseilande **Illhas Desertas** und **Selvagens** können Besucher dagegen nur vom Boot aus einen Blick werfen. Als Rückzugsorte der in dieser Region nahezu ausgerotteten Mönchsrobben stehen sie unter strengem Naturschutz.

## Der Reiseführer

Dieses Buch stellt die Ferieninsel Madeira in **sieben Kapiteln** vor. Die Autoren beschreiben Landschaften, Städte und Dörfer, Wanderwege und Badebuchten, traditionelle Architektur und Brauchtum sowie die vielfältige Flora der Insel. Die **Top Tipps** bieten Empfehlungen zu besonderen Sehenswürdigkeiten, Hotels, Restaurants und Naturschönheiten etc. **Übersichtskarten** und **Stadtpläne** erleichtern die Orientierung. Den Besichtigungspunkten sind **Praktische Hinweise** mit Tourismusbüros sowie persönliche Hotel- und Restaurantempfehlungen angegliedert.

Der **Aktuelle Teil** bietet, alphabetisch geordnet, Nützliches von Informationen vor Reiseantritt über Einkaufs- und Sportmöglichkeiten bis zu Verkehrsmitteln. Hinzu kommt ein umfassender **Sprachführer**. **Kurzessays** runden den Reiseführer ab.

# Geschichte, Kunst, Kultur im Überblick

**14. Jh.** Madeira und Porto Santo sind bereits auf historischen Karten verzeichnet: Im Medici-Atlas von 1351 fungiert Madeira als ›I. do lolegname‹, ›Holzinsel‹, im Katalanischen Atlas von Abraham Cresques (1375) tauchen auch die Selvagens auf. Einige Historiker vermuten, dass die Inselgruppe bereits phönizischen Seefahrern bekannt war.

**1415** Heinrich der Seefahrer begründet im portugiesischen Sagres (Algarve) eine Seefahrerschule und schafft damit die Grundlage für Portugals Vormachtstellung im europäischen Seehandel. Bei der Erforschung der afrikanischen Westküste landen die von ihm ausgesandten Schiffe auf Porto Santo und später auch auf Madeira.

**1419** Es gilt als das Jahr der offiziellen Entdeckung und zugleich der Inbesitznahme Madeiras durch den Portugiesen João Gonçalves Zarco und seine Getreuen. Unverzüglich werden die ersten Siedler nach Madeira verfrachtet.

**1425** Die Besiedlung der Inselgruppe wird auf Betreiben Heinrichs des Seefahrers vorangetrieben. Sklaven von der Guineaküste, von den Kanarischen Inseln und aus Nordafrika werden auf die Insel gebracht. Die ersten Zuckerrohrpflanzungen entstehen. Um bebaubares Land zu gewinnen, werden die Wälder brandgerodet.

**1433** Nach dem Tod Königs Joãos I. überträgt Kronprinz Duarte seinem Bruder Heinrich dem Seefahrer die Herrschaft über Madeira. Der Prinz kann nun selbstständig über die Landverteilung und die Vergabe der Herzogtümer entscheiden.

**1440** Heinrich gibt das Herzogtum Machico mitsamt den ›Einnahmen aus Zuckermühlen, Backöfen und Salz‹ seinem Kapitän Tristão Vaz Teixeira als Lehen. Der Herzog hat das Recht, Land nach eigenem Gutdünken an Siedler weiterzureichen.

**1444** Legatskapitän Bartolomeu Perestrelo erhält die gleichen Privilegien für Porto Santo.

**1450** João Gonçalves Zarco wird zum Herzog von Funchal ernannt.

**1455** Der venezianische Entdecker Alvise Da Mosto beschreibt Madeira als Insel mit großen Wein-, Zuckerrohr- und Getreideplantagen.

**1460** Nach dem Tod Heinrichs des Seefahrers fällt Madeira zunächst an dessen Erben und geht mit der Krönung Manuels I. zum König 1494 schließlich in Besitz der portugiesischen Krone über.

**1478** Christoph Kolumbus besucht Madeira als Zuckerhändler.

**1480** Fruchtbarkeit und Wohlstand Madeiras locken reiche europäische, vor allem italienische und flämische Händler auf die Insel. João Esmeraldo (Jeanin Essmerandt) avanciert zum bedeutends-

*Diese berühmten Persönlichkeiten prägten die Geschichte der Insel (von links nach rechts): Heinrich der Seefahrer, Christoph Kolumbus und Manuel I.*

Geschichte, Kunst, Kultur im Überblick

*Auch auf Madeiras Plantagen waren Sklaven bei der Zuckerrohrernte unentbehrlich*

ten Vertreter der flämischen Gemeinde und verbindet sich durch geschickte Heiratspolitik mit der lokalen Aristokratie.

**1485** Der extensive Zuckerrohranbau geht zu Lasten der Getreideproduktion. Madeira, das jahrzehntelang Weizen nach Portugal exportierte, erlebt eine durch Getreidemangel hervorgerufene Hungersnot.

**1493** Der Grundstein für die Kathedrale Sé von Funchal wird gelegt.

**1494** Ein Fünftel der gesamten agrarischen Produktion befindet sich in den Händen von 15 ausländischen Eignern, die zugleich auch Bankgeschäfte und den Transportsektor beherrschen.

**1508** Funchal erhält Stadtrechte. Das von König Manuel I. verliehene Wappen zeigt fünf Zuckerhüte als Symbol für die wirtschaftliche Bedeutung des Handels.

**1513** Gouverneur João de Cáceres beginnt mit dem Bau einer Stadtmauer um Funchal, um Angriffe von Freibeutern besser abwehren zu können.

**1514** Papst Leo X. ordnet die Gründung einer eigenen Diözese für Madeira an, die künftig für alle überseeischen portugiesischen Gebiete zuständig sein soll.

**1515** Anbau von und Handel mit Zuckerrohr, bis dato durch ein königliches Monopol stark reglementiert, werden liberalisiert. Madeira verzeichnet 16 000 Einwohner, darunter etwa 3000 Sklaven.

**1521** Drastischer Niedergang der Zuckerproduktion, da der ausgelaugte Boden immer schlechtere Erträge bringt. Viele Pflanzungen werden in Weinberge verwandelt.

**1566** Der Franzose Bertrand de Montluc überfällt und plündert mit elf Schiffen die Insel. Die Angreifer können sich mehrere Tage in Funchal halten und ziehen sich schließlich zurück, als Hilfe für Madeira aus Lissabon naht.

**1580** Spanien erobert Portugal und übernimmt die Kontrolle über Madeira. Die Verwaltung wird zentralisiert.

**1640** Die Portugiesen revoltieren gegen die spanischen Besatzer, Madeira wird wieder portugiesisch, behält aber die von den Spaniern eingeführte Zentralverwaltung der Insel bei.

**1662** Katharina von Braganza heiratet den englischen König Charles II. Madeira, das ursprünglich als Teil der Mitgift an England abgetreten werden sollte,

Geschichte, Kunst, Kultur im Überblick

*Unter Charles II. entwickelt sich Madeira zur wichtigen Weinhandelsstation*

wird im Ehevertrag ›vergessen‹. Gleichwohl lassen sich als Folge dieser Verbindung verstärkt auch englische Weinhändler auf Madeira nieder.

**1665** Charles II. verbietet den Export europäischer Waren nach englischen Kolonien. Ausnahme ist Wein aus Madeira. Die Insel entwickelt sich zur wichtigen Etappenstation für die See- und Handelsfahrer auf dem Weg von Europa nach Amerika und Afrika.

**1755** Erdbeben von Lissabon. Madeira wird von Erschütterungen und einer Flutwelle heimgesucht.

**1768** James Cook legt bei seiner ersten Forschungsreise mit der ›Endeavour‹ einen Zwischenstopp auf Madeira ein.

**1775** Die Sklaverei wird per Dekret abgeschafft.

**1801–14** In den Napoleonischen Kriegen besetzen die Engländer Madeira zweimal, um die Insel vor den Franzosen zu schützen. Dank der Militärpräsenz lassen sich weitere englische Familien auf Madeira nieder.

**1803** In Funchal treten die drei nicht eingedämmten Flüsse über die Ufer und richten verheerende Schäden in der Stadt an. 600 Menschen ertrinken. Reynaldo Oudinot entwickelt Pläne für die Kanalisierung der Flüsse.

**1828** In Portugal erklärt sich Dom Miguel zum absoluten Herrscher. Madeira unterstützt Kronprinz Pedro, der das unabhängige Kaiserreich Brasilien ausruft.

Miguelistische Truppen landen auf Madeira und setzen einen neuen Gouverneur ein. Der von den Engländern geförderte Widerstand gegen den neuen Monarchen bleibt vorerst ergebnislos, die alte Administration muss die Insel verlassen.

**1834** Pedro I. kehrt nach Portugal zurück. Dom Miguel wird gestürzt und von der Insel verbannt.

**1852** Mehltau- und Reblausplagen vernichten einen großen Teil der Weinpflanzungen auf Madeira. Die Bevölkerung leidet unter einer Hungerkatastrophe. Zahlreiche Menschen verlassen die Insel. Der Weinhandel erlebt einen rapiden Niedergang.

**1856** Eine Cholera-Epidemie fordert 7000 Tote.

**1860** Auf Initiative der Engländerin Elizabeth Phelps findet die Stickerei auf Madeira immer größere Verbreitung. Die kunstvollen Handarbeiten werden nach England exportiert.

**1861** Elisabeth I. (Sisi), Kaiserin von Österreich, verbringt einige Monate in der Quinta das Angústias, Funchal.

**1891** Eröffnung des ›Reid's Palace Hotel‹.

**1893** Bau der Zahnradbahn von Funchal nach Monte.

**1916** Deutschland erklärt Portugal den Krieg. Ein deutsches U-Boot versenkt

*Seit Ende des 19. Jh. ist Madeira das Ziel betuchter Touristen*

Geschichte, Kunst, Kultur im Überblick

*Schon im 19. Jh. gehörte die Korbschlittenfahrt von Monte nach Funchal zu den beliebtesten Freizeitvergnügen von Madeira-Urlaubern*

drei Schiffe in der Bucht von Funchal und beschießt die Stadt. Im gleichen Jahr wird die Straße von Funchal über den Encumeada-Pass nach São Vicente gebaut.

**1926** Durch einen Militärputsch wird Portugal eine faschistische Diktatur unter Dr. Antonio d'Oliveira Salazar. In Madeira regt sich Widerstand gegen die ›Hungergesetze‹, die den Getreideimport in die Hände einiger weniger Händler legen.

**1931** Die ›Hungerrevolte‹ wird durch Truppen vom Festland niedergeschlagen. Zahlreiche Madeirenser werden auf die Azoren und auf die Kapverdischen Inseln deportiert.

**1939–45** Portugal erklärt sich im Zweiten Weltkrieg für neutral.

**1947** Die erste reguläre Flugverbindung zwischen England und Funchal mittels Wasserflugzeugen wird eingerichtet.

**1960** Eröffnung des Flughafens auf Porto Santo.

**1964** Auf Madeira wird der Flughafen Santa Catarina eröffnet.

**1974** Nelkenrevolution in Portugal. In Madeira wird das Ende der 48-jährigen Diktatur begeistert aufgenommen. Zugleich befürchtet man nun eine kommunistische Alleinherrschaft. Die demokratischen Kräfte sammeln sich um den Herausgeber des kirchlichen ›Jornal da Madeira‹, Dr. Alberto João Jardim.

**1975** Neben mehreren demokratischen Parteien konstituiert sich eine militante Unabhängigkeitsbewegung für Madeira, die FLAMA (Frente de Libertação do Archipílago da Madeira).

**1976** Bei den ersten demokratischen Wahlen fallen 64% der Stimmen auf die sozialdemokratische PSD. Portugal erklärt Madeira zur Autonomen Region.

**1978** Wahl Jardims zum Präsidenten.

**1985** Verlängerung der Landebahn des Flughafens Santa Catarina. Madeira entwickelt sich vom exklusiven Erholungsort der gut Betuchten zu einem Ziel des Massentourismus.

**1993** Der Beitritt Portugals zur EU beschert Madeira europäische Fördermittel, die vor allem in den Ausbau der Verkehrswege gesteckt werden.

**1995** Der Tourismus wird zum wichtigen ökonomischen Motor der Insel. Die Zahl der Gäste ist von knapp 180 000 im Jahr 1976 inzwischen auf über eine halbe Million angestiegen.

**2000** Die spektakuläre neue Landebahn des Flughafens und die Seilbahn von Funchal nach Monte werden eingeweiht.

**2002** Bei den Parlamentswahlen in Portugal liegen die konservativen Sozialdemokraten, denen auch Madeiras Präsident angehört, überraschend vor der regierenden PSP.

# Sehenswürdigkeiten

# Funchal und Umgebung – rund um die Fenchelbucht

In der einzigen großen Bucht der Insel schmiegen sich die weißen Häuser von **Funchal** an die steil gen Himmel strebenden Hänge der Südküste. Reisende, die sich auf einem Kreuzfahrtschiff vom Meer her nähern, sehen Madeiras Hauptstadt wie ein riesiges antikes Theater, eingebettet zwischen grüne, wolkenverhangene Berge und die tiefblaue See. Die Bühne dieses Theaters bildet die Uferpromenade **Avenida do Mar**. Von ihr aus klettern Straßen und Gässchen in kühnen Steigungen die Ränge empor, um sich in den üppigen Gärten und Terrassenfeldern im Inselinneren zu verzweigen. Seit 2000 schwingt sich eine Kabinenbahn am Hang hinauf nach Monte. Seit Madeiras ›offizieller‹ Entdeckung 1419 haben Seefahrer die Insel aus dieser Perspektive kennen gelernt. Der Urlauber von heute nähert sich der Hauptstadt vom Flughafen im Osten auf einer kühn in die Hänge geschlagenen Autobahn.

Aufs Vollkommenste verbinden sich in Funchal und den umliegenden Ausflugszielen städtische Lebhaftigkeit und die besinnliche Ruhe gestalteter Natur. Die Parkanlagen von **Monte** und **Blandy's Garden** verzaubern mit ihrer exotischen Blütenpracht, während Fischer und Schiffsbauer in **Câmara de Lobos** ihrem jahrhundertealten Handwerk nachgehen. Die Bewohner von **Camacha** halten die Tradition der Korbflechterei lebendig, und in den Badeorten unterhalb von **Caniço** verwöhnen Hotels und Tauchbasen den sportlich ambitionierten Gast. Als Ausgangspunkt für die Erkundung der Südküste wie für Touren ins Inselinnere ist Funchal einfach ideal. Und wer Sonne und Meer sucht, findet in der Hauptstadt die für Madeira günstigsten klimatischen Bedingungen.

## 1 Funchal

*Plan hintere Umschlagklappe*

*Tropische Verspieltheit und atlantische Strenge verbinden sich im Stadtbild zu einem Stein gewordenen Symbol der Kolonialära.*

Echo der ersten Kolonisatoren und pulsierendes Inselzentrum – Funchals Architektur, seine faszinierenden Museen und eleganten Hotels besitzen ein ganz besonderes Flair, das Geschichte und modernes Leben harmonisch verbindet.

**_Geschichte_** Funchal (104 000 Einw.) war nicht die erste Kolonialsiedlung Madeiras. **João Gonçalves Zarco** und seine Männer nahmen ihren Wohnsitz 1419 in Câmara de Lobos, da sie die dicht bewachsene Bucht von Funchal (*funcho* = Fenchel), östlich des Ortes, zunächst roden mussten. Zarco zog anschließend

*Ob Zarco die Insel entdeckt hat, ist fraglich – aber er ließ sie besiedeln*

**Vorhergehende Doppelseite:** *Winston Churchill hat diesen Blick geliebt und gemalt – der Fischerhafen von Câmara de Lobos*

# Funchal

*Zum Meer gewandt – Madeiras Hauptstadt Funchal lebte stets vom Seehandel*

nach Funchal um und wurde 1450 zum Legatskapitän der westlichen Inselhälfte bestimmt, während der Osten mit dem Hauptort Machico an seinen Gefährten Tristão Vaz Teixeira fiel.

Die See und das fruchtbare Hinterland bildeten die beiden Pfeiler des Wohlstands von Funchal: Als letzter und bedeutender **Etappenpunkt** auf dem Weg von Portugal und Europa zu den Kolonien in Afrika und Südamerika versorgte es die vor Anker liegenden Schiffe mit Lebensmitteln und Handelswaren. **Zuckerrohr** und ab Mitte des 16. Jh. zunehmend auch Wein wurden an den Hängen um die Hauptstadt angebaut, in Zuckermühlen und Weinkellern verarbeitet und an die Handelsfahrer verkauft, die die begehrten Waren an die Höfe Europas brachten. Als der Zuckerhandel aufgrund der Konkurrenz aus den Kolonien in der Karibik und in Brasilien und wegen der zunehmend ausgelaugten Böden nicht mehr rentabel war, konzentrierte sich Funchals – und Madeiras – Wirtschaft auf den **Madeira-Wein**, der wegen seiner Haltbarkeit auf den Transkontinentalrouten der Seefahrer überaus beliebt war. Mehrmals von **Korsaren** heimgesucht, wurde Funchal Ende des 16./Anfang des 17. Jh. mit Festungen und Stadtmauer geschützt. 1803 vernichtete eine verheerende **Überschwemmung** die Stadt und riss 600 Menschen in den Tod. Daraufhin wurden die drei *Ribeiras,* Flüsse, die in Funchal ins Meer münden, in Kanäle gefasst und begradigt.

Ab Mitte des 19. Jh. entwickelte sich in und um Funchal ein sehr elitärer **Tourismus** der europäischen Adeligen, die den ewigen Frühling genossen und im gesunden Klima der Insel ihre Krankheiten kurierten. Ab Anfang der 60er-Jahre des 20. Jh. wurde Madeira mit dem Bau von Mittelklassehotels in der Hotelzone westlich von Funchal auch für andere Urlauber ein erschwingliches Ferienziel.

Funchal ist nicht nur der touristische, sondern auch der *wirtschaftliche* und *administrative* Mittelpunkt der Insel. Neben der Regionalregierung und der Diözese haben auch alle bedeutenden Wirtschaftsunternehmen ihren Sitz in der Stadt.

## Von Funchals Marina in luftige Höhen

Ausgangspunkt für eine Besichtigung ist die breite und viel befahrene Uferpromenade **Avenida do Mar** ❶ mit ihren Kais, an denen Segelyachten aus aller Herren Länder festmachen. Gegenüber beherrscht die wuchtige Fassade des **Palá-

## Funchal und Umgebung – Funchal

*Vorhang auf! – Nachts verwandelt sich Funchal in ein glitzerndes Lichtermeer*

**cio de São Lourenço** ❷ die Uferstraße. Anstelle eines einfachen Walls wurde hier bereits im 16. Jh. ein Fort errichtet. Seine heutige Gestalt erhielt der Palácio im seeräubergeplagten 17. Jh. Das Gebäude mit den wuchtigen, zinnengekrönten Ecktürmen ist im klassischen madeirensischen Baustil gehalten. Seine weißen Mauern kontrastieren mit den Tor- und Fensterumrandungen aus grauschwarzem Basaltstein. Den zur See hin gewandten **Ostturm** schmückt ein aus Basalt gearbeitetes *Wappen* der portugiesischen Krone. Es zeigt das Kreuz des Christusordens zwischen zwei Armillarsphären: Der Christusorden entstand in Portugal in der Nachfolge des 1312 vom Vatikan aufgelösten Tempelritterordens. Unter seiner Flagge segelten Portugals Karavellen zu ihren Entdeckungsfahrten.

*Einst ein solider Schutz gegen Piraten – zugleich wehrhaft und in harmonischen Proportionen präsentiert sich der Palácio de São Lourenço*

*Genreszene mit traditionellen Madeira-Produkten auf blau-weißem Azulejo-Gemälde*

# Wunderschöne Kachelmalerei

*Der Ursprung der portugiesischen* **Azulejos** *liegt wahrscheinlich im fernen Bagdad. Mit der islamischen Eroberung gelangte der Keramikschmuck über die Länder des Maghreb nach Spanien, wo er bald zu höchster Blüte gelangte. Früh tauchten bereits* **florale Motive** *auf. Darstellungen von Lebewesen hingegen waren selten, galten sie doch im Islam als verpönt. Die Kunsthandwerker Spaniens lieferten ihre Fliesen ab dem 15. Jh. auch nach Portugal, wo die Kachelkunst schnell Fuß fasste und sogar in die Kolonien exportiert wurde. In Funchal sind original hispano-maurische Fliesen noch an der Spitze der* **Sé** *[s. S. 22] und im Museum* **Quinta das Cruzes** *zu bewundern. Sie sind einfarbig oder weisen Ritzungen auf, die das Verlaufen der verschiedenen Farben beim Brennen verhindern sollten.*

*Als die* **Reconquista** *im 16. Jh. dem muslimischen Handwerk in Spanien ein Ende setzte, begannen portugiesische Werkstätten, die Fliesen selbst zu produzieren. Sie wurden zunächst* **Majólica** *genannt. Die Bezeichnung geht ursprünglich auf das spanische Keramik-Exportzentrum Mallorca (Majorca) zurück. Dieses gab dann der neuen italienischen Keramik mit ihrer verfeinerten* **Maltechnik** *den Namen, dank derer die Muster und Motive nun frei auf das glasierten, ungebrannten Träger gemalt werden konnten. Im portugiesischen Sprachraum bürgerte sich schließlich für in dieser Weise bemalte Kacheln der Name Azulejos ein. Da das islamische Bildverbot keine Rolle mehr spielte, wurden ornamentale und pflanzliche Motive durch den ganzen* **figürlichen Kanon** *europäischer Kunst ergänzt. Spätestens mit dem Ende des 17. Jh. entstanden mehrteilige, großformatige* **Kachelgemälde** *mit religiösen Darstellungen, aber auch mit Landschafts- und Genreszenen.*

*Hervorragend erhalten sind beispielsweise die azulejoverkleideten Wände in der* **Igreja Santa Clara** *in Funchal [s. S. 26]. Bei diesen Werken wurde noch eine Farbpalette warmer Erdtöne wie Gelb, Grün und Ocker gewählt. Doch bald setzten sich die in* **Blau-Weiß** *gehaltenen Azulejos durch. Der Ursprung dieser Mode lag im Fernen Osten, in* **China**, *und nahm seinen Weg über die Niederlande nach Portugal. Nicht umsonst erinnern viele portugiesische Azulejo-Motive verblüffend an jene auf Delfter Porzellan.*

*Die meisten alten Azulejo-Verkleidungen sind längst verschwunden oder befinden sich in nicht zugänglichen Kapellen und Quintas. Historische Kachelbilder werden heute noch im Botanischen Garten von* **Monte Palace** *[s. S. 43] gezeigt. Eine Sammlung alter Azulejos ist außerdem im* **Museu Dr. Frederico de Freitas** *[s. S. 25] zu sehen. Was heute die Wände öffentlicher Gebäude wie den Treppenaufgang des Município und die Fassade der Handelskammer in Funchal schmückt, stammt vorwiegend vom Anfang des 20. Jh., als Madeira eine wahre Azulejo-Renaissance erlebte.*

## Funchal und Umgebung – Funchal

*Meisterstück hispano-maurischer Handwerkskunst – die Mudéjar-Decke der Sé*

Die Armillarsphären repräsentieren kugelförmige astronomische Messgeräte und symbolisieren die wissenschaftliche Erforschung der Welt. Die Festung dient heute als *Sitz des Regierungschefs* und ist Besuchern verschlossen.

Eine Allee aus mächtigen Jacarandas, die sich im Frühjahr im lilafarbenen Blütenkleid präsentieren, steigt an der Ostseite des Palácio bergan nach Norden. Diese *Avenida Zarco* ist nach dem ersten Legatskapitän Funchals benannt und führt direkt auf das **Monumento Zarco** ❸ zu, das die Kreuzung mit der Avenida Arriaga schmückt. 1934 schuf der berühmteste Künstler Madeiras, Francisco Franco, die sich dem offenen Meer zuwendende Statue.

Die ebenfalls von Jacaranda-Bäumen beschattete **Avenida Arriaga** ❹ verläuft parallel zur Seepromenade und verbindet Funchals Hotelzone im Westen mit der Innenstadt. Man folgt ihr nach rechts und hat dabei ausführlich Gelegenheit, den kunstvollen Bodenbelag zu bewundern, den Madeira ab dem 18. Jh. vom Mutterland Portugal übernommen hat. Zunächst verlegte man Flusskiesel auf den Straßen, später wurden die Kiesel oval zurechtgehauen und zu weiß-grauen Mustern zusammengesetzt. So verspielt dieser Dekor wirkt, er hat seine Tücken: Bei Nässe verwandeln sich die Gehsteige in gefährliche Rutschbahnen, und daher empfiehlt sich Schuhwerk mit rutschfester Sohle. Schon bald verengt sich die Avenida Arriaga und mündet in einen Platz, den Funchals Kathedrale, die **Sé** ❺ (tgl. 9–11 und 16–17.30, So 15–16 Uhr), beherrscht. 1483 regte König Manuel I. den Bau des Gotteshauses an, 1514 war er vollendet und die Sé als erste Kathedrale in den überseeischen Besitzungen Portugals geweiht. An der *Fassade* kontrastieren feine, in dunkelrotem Tuffstein ausgeführte Steinmetzarbeiten der manuelinischen Epoche mit dem strahlenden Weiß der schmucklosen Wände. Der wuchtige *Glockenturm*, der sich ähnlich bei fast allen Kirchen Madeiras wiederfindet, ist an den vier Ecken mit zinnenförmigen Steinen geschmückt. Er trägt einen zierlichen Aufsatz mit Uhr und eine keramikverkleidete Spitze. Das gotische *Eingangsportal* zeigt das portugiesische Wappen, darüber durchbricht eine große Rosette die streng gegliederte Front, und auf der Giebelspitze thront das Kreuz des Christusordens. Seinem Großmeister Heinrich dem Seefahrer hat Portugal seine Entdeckungsfahrten und Kolonien zu verdanken.

Im **Inneren** der dreischiffigen Kathedrale fasziniert die mit Elfenbeinintar-

> TOP TIPP

sien geschmückte *Holzdecke* mit ihren floralen Mustern und den Tiermotiven im *Mudéjar-Stil* (16. Jh.). Dieser hatte sich ab dem 13. Jh. unter dem Einfluss islamischer Baukunst auf der Iberischen Halbinsel entwickelt. Seine Kennzeichen sind die vielfach gebündelten und miteinander verflochtenen vertikalen Streben der Architektur und die zur Abstraktion neigende Dekoration. Aus der manuelinischen Epoche stammt das in tiefem Blau gehaltene und mit reichem Goldschmuck verzierte *Chorgestühl*, während die mit Gold überzogenen, kunstvoll geschnitzten Altäre und die Azulejo-Kachelbilder im Kirchenraum im Barock hinzugefügt wurden.

Der Platz um die Kathedrale und die von hier zum Meer führende *Fußgängerzone* sind gesäumt von Cafés und Restaurants. Im Schatten des Kirchturms haben die Blumenfrauen ihren festen Marktplatz.

Südlich der Kathedrale führt die *Rua da Sé* zur *Praça Colombo* mit dem Zuckermuseum. Seinen Namen verdankt der Platz einer Legende. Im Haus des flämischen Kaufmanns João Esmeraldo, das Ende des 19. Jh. abgerissen wurde und dessen Fundamente unter dem Museumsbau wieder freigelegt wurden, soll der berühmte Entdecker und Seefahrer Christoph Kolumbus einige Zeit verbracht haben. Die Grabungsdokumentation zum Haus des Kaufmanns und allerlei Exponate zum Thema Zuckeranbau, Zuckerverarbeitung und Zuckerhandel sind in dem didaktisch hervorragend gestalteten **Núcleo Museológico a Cidade do Açugar** ❻ (Mo–Fr 10–12.30 und 14–18 Uhr) ausgestellt. Darunter sind beispielsweise bronzene Zuckergewichte aus der manuelinischen Epoche, Tonformen für Zuckerhüte und *Alfenim*-Süßigkeiten aus Zucker und Mandelöl.

Daneben belegen flämische Kunstwerke und Luxusimportgüter wie chinesisches Porzellan den Wohlstand der Händler, die mit dem süßen ›weißen Gold‹ weltweit ihre Geschäfte machten. Dies verdeutlicht, welche Rolle Zucker und damit die Insel Madeira in Europas Ökonomie damals spielte. Ein eigener Raum gibt hinter einer Glaswand den Blick frei auf Mauern und Fundament des Esmeraldo-Hauses.

Über die *Rua do Esmeraldo* in Richtung Norden gelangt man auf die *Rua do Aljube*, die Fortsetzung der Avenida Arriaga, und setzt den Rundgang durch die *Rua dos Ferreiros* mit ihren Kunsthandwerksläden und Modegeschäften fort. Nach links zweigt die *Rua do Bispo* ab, an der im Bischofspalais (18. Jh.) das **Museu de Arte Sacra** ❼ (Di–Sa 10–12.30 und 14.30–18, So 10–13 Uhr), das Museum für sakrale

*Hoch lebe die ›süße Vergangenheit‹! Das Núcleo Museológico a Cidade do Açugar zeigt, welchen Reichtum die Händler des ›weißen Goldes‹ einst angehäuft haben*

**Funchal und Umgebung** – Funchal

*Flämische Malerei im Museu de Arte Sacra – Heiligenfiguren von majestätischer Größe zeichnen das ›Triptychon des hl. Petrus‹ von Joos van Cleve aus*

Kunst, residiert. Im *ersten Stock* wird kostbares Inventar aus verschiedenen Kirchen gezeigt: Prozessionskreuze aus Silber und Gold, feines Messgeschirr, zierlich mit Goldfäden bestickte Talare und gotische Heiligenskulpturen. Der *zweite Stock* gilt mit seiner Sammlung flämischer Tafelbilder, u. a. von Rogier van der Weyden, als eines der bedeutendsten kunsthistorischen Highlights von Funchal: Durch den starken Einfluss flämischer Kaufleute auf den Zuckerhan-

*Zentrum geistlicher und weltlicher Macht – Praça do Município mit der barocken Câmara Municipal und der Kollegiatskirche São João Evangelista*

del war die Route Funchal–Antwerpen im 15. und 16. Jh. die wichtigste Handelsverbindung der Insel. Die durch Zucker reich gewordenen Flamen kauften heimische Kunst für ihre Privathäuser auf Madeira und die Kirchen der neuen Heimat. Ein besonderer Symbolgehalt wird dem Gemälde ›Treffen der hl. Johanna mit dem hl. Joachim‹ aus dem 16. Jh. zugeschrieben, das von einem anonymen flämischen Meister Mitte des 15. Jh. geschaffen wurde. Es soll nämlich im Habitus der Heiligen einen aus Europa geflüchteten König und seine Gattin darstellen, die in Madeira Zuflucht gefunden hatten [s. S. 59].

Wenige Schritte vom Museum entfernt öffnet sich das Gassengewirr der Altstadt zu der lichten, nahezu quadratischen *Praça do Município*. Die **Câmara Municipal** ❽, das Rathaus an der Ostseite des Platzes, wurde als Privatpalais von einem der reichsten Kaufleute Madeiras, von *Conde João José de Carvalhal,* Ende des 18. Jh. im Barockstil erbaut. Der Stadtverwaltung dient es seit Ende des 19. Jh. Auch hier sorgt der Kontrast von grellweißer Fassade und dunklem Basaltrahmen um Fenster und Eingangsportal für typisch madeirensisches Flair. Durch die Vorhalle gelangt man in den intimen *Innenhof* mit einem Brunnen, auf dem Zeus in Schwanengestalt die holde Leda umgarnt. Die Treppenaufgänge beiderseits der Portierssloge sind mit blauweißen Azulejos [s. S. 21] geschmückt.

Die Nordseite der Praça do Município überblickt von ihrem leicht erhöhten Podest aus die Kollegiatskirche **São João Evangelista** ❾ (unregelmäßig geöffnet). Vier Marmorstatuen, eine stellt den Ordensgründer Ignatius von Loyola dar, bewachen die barocke Fassade des Gotteshauses. Im Inneren zeigt sich der Reichtum des Ordens in blitzenden vergoldeten Schnitzereien, vor allem in den Seitenkapellen, und in wunderschönen Azulejo-Bildern, die hier fast das gesamte Querschiff auskleiden.

Über die *Rua C. Pestana* und die *Rua das Pretas* steigt man nun bergan zu einem sakralen Kleinod: Die

**TOP TIPP** Kirche **São Pedro** ❿ an der Ecke zur *Rua dos Netos* wurde 1598 errichtet und im 18. Jh. gründlich renoviert – aus dieser Zeit stammt auch die heutige Fassade. Ihr azulejo-geschmücktes **Inneres** bezaubert durch die blau-weißen, streng geometrischen *Azulejos*, mit denen die Wände fast vollständig bis zur Decke ausgekleidet sind, und durch einen prachtvoll vergoldeten, üppigen Altar.

Einige Schritte weiter jenseits der Rua dos Netos befindet sich im Palácio de São Pedro, der ebenfalls dem Conde de Carvalhal gehörte, das bescheidene **Museu Municipal** ⓫ (Naturkundliches Museum, Di–Fr 10–18, Sa/So 12–18 Uhr). Hauptattraktion ist das Aquarium mit zahlreichen Vertretern der heimischen Meeresfauna.

Anschließend geht es ein anstrengendes Stück steil bergan durch die *Calçada Santa Clara*. Dabei passiert man das **Museu Dr. Frederico de Freitas** ⓬ (Di–Sa 10–12.30 und 14–18 Uhr, So nur vormittags), das Kunst und Wohnkultur Madeiras beispielhaft vorstellt. In den zum Teil mit Originalmöbeln des 19. Jh. ausgestatteten Räumen ist die Sammlung des madeirensischen Mäzens Frederico de Freitas ausgestellt: Wertvolles Porzellan, Gemälde, sakrale Kunstwerke und sogar Briefmarken. 1999 wurde eine eigene **Azulejo-Abteilung** eingerichtet, in der sich Kachelbilder aus allen Epochen Madeiras finden, darunter auch die ältesten Fliesen mit geometrischen Motiven aus dem Convento Santa Catarina [s. S. 31].

Unmittelbar danach läuft man an der Fassade des **Convento Santa Clara** (tgl. 10–12 und 15–17 Uhr) entlang. Ende des

*Rückzug in die Stille – Innenhof und Kreuzgang des Klosters Santa Clara*

## Funchal und Umgebung – Funchal

*Blau-weiß-gelber Azulejo-Traum – fast orientalisch wirkt das über und über mit Kachelbildern geschmückte Innere der altehrwürdigen Igreja Santa Clara*

19. Jh. starb die letzte Klarissin von Santa Clara, und das Kloster ging in den Besitz der Franziskanerinnen über, die heute hier einen Kindergarten betreiben. Zur Besichtigung klingelt man am Eingang neben der Klosterkirche an der Ecke Rua das Cruzes. Eine Ordensschwester führt zur *Auferstehungskapelle*, in der die wertvollsten und ältesten Azulejos des Klosters gehütet werden. Sie stammen aus dem 16. Jh. und zeigen florale Muster in stark verblichenem Blau und Gelb. Eindrucksvoll ist auch der erhaltene manuelinische Teil des Kreuzgangs, der einen kleinen, mit Rosenbüschen und Palmen umstandenen Garten rahmt.

**TOP TIPP** Es schließt sich der Besuch der ehrwürdigen **Igreja Santa Clara** ⑬ (tgl. 10–12 und 15–17 Uhr) an. Der kachelgeschmückte *Kirchturm* mit seinem kuppelförmigen Dach erinnert ein bisschen an ein Minarett und lässt unschwer den Einfluss islamischer Künstler erkennen. Im *Chor* der Kirche ist der offizielle Inselentdecker Zarco in einem Bodengrab beigesetzt. Weitaus mehr beeindrucken die mit blauen, weißen und gelben *Azulejos* geschmückten Wände. Die Kachelgemälde dokumentieren die Formen- und Symbolsprache des frühen Barock in all ihrem Reichtum.

**TOP TIPP** Ein letzter Anstieg bringt den Besucher zum Museum **Quinta das Cruzes** ⑭ (Di–Sa 10–12.30 und 14.30–17.30 Uhr). Das ›Herrenhaus der Kreuze‹ (15. Jh.) gehörte über Generationen hinweg der Genueser Kaufmannsfamilie Lomelino und diente angeblich bereits Zarco als Wohnsitz. Mitte des 18. Jh. vernichtete ein Erdbeben die Quinta, die Ende des 18. Jh. wieder aufgebaut und 1946 von einer Stiftung übernommen und in ein Museum umgewandelt wurde. Beispielhaft lässt sich in den Räumen der prunkvolle Lebensstil reicher madeirensischer Kaufleute studieren. Die aus Zuckerkisten gearbeiteten Möbel wie die *Caixa de Açucar* waren vor allem im 17. Jh. beliebt. Die weit reichenden Handelsbeziehungen dokumentiert u. a. chinesisches Porzellan der ›East India Company‹ (18. Jh.). Jüngeren Datums (19. Jh.) sind die zwei schmiedeeisernen Sänften (*Palanquin*), in denen sich die Wohlhabenden die steilen Inselstraßen hinauf- und hinuntertragen ließen.

Draußen umfängt den Besucher der üppige, bezaubernde **Garten** der Quinta, in dem Orchideen, Strelitzien und viele andere Exoten unter schattenspendenden Bäumen um die Wette blühen. Inmitten des Grüns stehen auch die efeuumrankten, romantischen Ruinen alter Herrenhäuser und Kirchen – von ihren ursprünglichen Standorten hierher gebracht. Grab- und Wappensteine halten die Erinnerung an angesehene Bürger der Insel wach. Das eindrucksvollste Exponat dieses ›archäologischen Parks‹ ist das *manuelinische Doppelfenster*, dessen grauer Basaltstein von Künstlern mit Weinblättern, Tierfiguren und sich umeinander windenden Säulensträngen in ein surreales organisches Gebilde verwandelt wurde. Es stammt wahrscheinlich vom ersten Hospital der Insel (1507).

Die *Calçada Santa Clara* und die *Rua das Pretas* führen zurück in die Innenstadt. Ecke *Rua da Carreira* befindet sich, erreichbar über den Innenhof eines alten Hauses, das berühmte Fotomuseum von Funchal, das **Museu Fotografia Vicentes** ⑮ (Mo–Sa 14–17). Es zeigt die für die Geschichte des Tourismus auf der Insel so bedeutende Bildersammlung des passionierten Fotografen *Vicente Gomes da Silva*. Der 1827 geborene Madeirenser eröffnete in diesem Gebäude 1865 Portugals erstes Fotostudio. Er und seine Nachkommen hielten alle wichtigen Stationen des aufblühenden Fremdenverkehrs auf der Fotoplatte fest. Auch am Cabo Girão werden übrigens Bilder des Künstlers gezeigt [s. S. 52].

Über die Avenida Zarco gelangt man schließlich wieder auf die Avenida Arriaga, passiert rechts die Touristeninformation und betritt gleich nebenan die Gebäude der **San Francisco Wine Lodge** ⑯ (Mo–Fr 9.30–18, Sa 10–13 Uhr). Sie gehört der Madeira Wine

*Traditioneller Dekor und moderner Lebensstil finden in Funchal harmonisch zueinander*

*Ein Relikt feudaler Gerichtsbarkeit – Funchals Schandpfahl wurde in den idyllischen Garten der Quinta das Cruzes versetzt*

**Funchal und Umgebung** – Funchal

Company, die sich seit der Gründung 1811 in Besitz der *Blandys* befindet. Diesem Familiennamen begegnet man in Madeira auf Schritt und Tritt, ihnen gehören mehrere Hotels, Restaurants, eine große Reise- und Schifffahrtsagentur und auch die Tageszeitung ›Diário des Notícias‹. Die *Kellerei* kann auf einem geführten Rundgang besichtigt werden (Termine der z. T. auch deutschsprachigen Führungen unter Tel. 29 17 40 1 10). Als feuchtfröhlichen Abschluss kann man in den *Probierstuben* die großen Madeira-Weine verkosten und kaufen.

Die Avenida Arriaga passiert nun eine hübsche Parkanlage, den **Jardim Municipal** ⑰. Mittelpunkt des mit vielen exotischen Bäumen aus allen Teilen der Welt bepflanzten Areals ist ein *Freilufttheater*. Gegenüber dem Park steht das um 1900 entstandene klassizistische **Teatro Municipal** und daneben die zur gleichen Zeit errichtete Handelskammer **Câmara do Comercio**. Deren Erdgeschoss beherbergte früher das elegante Café Ritz. Inzwischen ist eine Autofirma in die kühlen, mit Stuck geschmückten Geschäftsräume gezogen. *Azulejo-Bilder* rahmen die Schaufenster. Im klassischen Blau-Weiß lassen sie Szenen des traditionellen madeirensischen Lebens wieder erstehen. Hinter der historischen Fassade der Handelskammer verbirgt sich ein Einkaufszentrum, die *Galerias São Lourenço*, mit vielen Kinos, Boutiquen und Restaurants.

## Zona Velha – wo alles begann

Vom Palácio de São Lourenço führt die Avenida do Mar weiter am Meer entlang nach Osten in das alte Hafen- und Fischerviertel Zona Velha. Sie passiert das frühere Zollhaus **Alfándega Velha** ⑱, in dem heute das Regionalparlament Madeiras tagt. Von dem im 16. Jh. errichteten Bau sind nur noch das manuelinische Eingangsportal an der Nordfassade und Teile des Ostportals erhalten. Schon bald erreicht man die **Praça de Autonomia** ⑲, einen der wichtigsten Verkehrsknotenpunkte Funchals. Hier starten die meisten Stadtbusse zu den touristischen Zielen in der Umgebung. Die **Teleférico** ⑳, Madeiras neue Kabinenbahn hinauf nach Monte, ist nicht zu verfehlen. Aus luftiger Höhe bietet sie wunderbare Ausblicke über die gesamte Bucht.

Über die *Rua do Visconde do Anadia* in Richtung Nordosten erreicht man an der Kreuzung mit der Rua João de Deus das **Museu do Bordado, Tapeçarias e Artesanato** ㉑ (Mo–Fr 10–12.30 und 14–18 Uhr), in dem der Besucher einen hervorragenden

*In der San Francisco Wine Lodge reifen die köstlichsten Madeira-Weine ihrer Vollendung entgegen und können auch probiert werden*

Funchal

*Gobelins haben eine lange Tradition auf Madeira. Im Gegensatz zur feinen Weißstickerei sind sie im Ausland aber kaum bekannt*

Überblick über das Kunsthandwerk Madeiras erhält. Vor allem die Exponate der *Madeira-Stickerei* und die Gobelins sind außerordentlich sehenswert. Im Erdgeschoss residiert übrigens das Institut IBTAM, das die Stickereien aus allen Teilen Madeiras prüft und mit einer Plombe als Handarbeit kennzeichnet.

Hinein ins pralle Leben führt der Rundgang nun die *Rua Brigadeiro Oudinot* bergab, wo man links auf den überaus lebhaften Markt von Funchal, den **Mercado dos Lavradores** ㉒, stößt. Im Jahr 1940 wurde die Markthalle mit ihrer schlichten Fassade eröffnet. Den Eingangsbereich schmücken *Azulejos* mit typischen Marktszenen. Herzstück des Mercado ist der arkadengesäumte Innenhof mit Obst- und Blumenständen. Treppen führen hinauf in die überdachte Etage, wo Händler mit exotischen Früchten, mit Gemüsen, Wein, Honig und anderen Köstlichkeiten um Kunden werben. Die Fischverkäufer residieren in einer eigenen großen Halle, in der sie u. a. riesige Thun- sowie Degenfische vor den Augen eines zahlreichen Publikums küchenfertig herrichten. Vor allem am Vormittag herrscht auf dem Mercado dichtes Gedränge und er ist Mittelpunkt der Zona Velha, des ältesten Viertels von Funchal. Hier bauten die ersten Siedler Anfang des 15. Jh. ihre Häuser am Ostufer der Ribeira de João Gomes, und während sich das städtische Zentrum in der Folgezeit nach Westen, in die heutige City, verlagerte, blieb die Zona Velha die Heimat der kleinen Leute, der Fischer und Handwerker. Neuerdings wurde viel restauriert, man legte eine Fuß-

*Frischer Thunfisch gefällig? In der Fischhalle wird er in handliche Scheiben zerlegt*

*Blütenträume zum Mitnehmen – die Blumenverkäuferinnen vor der Kathedrale Sé verpacken die empfindliche Ware auch für die Heimreise*

gängerzone an, und die alten Handwerksateliers und Häuser verwandelten sich in schicke Restaurants, Cafés und Nachtclubs. Während allenthalben das Nachtleben blüht, ist nur noch in den Seitengassen etwas vom früheren Flair lebendig. Flanierzone ist die *Rua de Santa Maria*, ei-

*Für ein Spielchen sind madeirensische Pensionäre immer zu haben*

ne schmale, von Restaurants gesäumte Gasse, die auf einen kleinen Platz mit der **Capela do Corpo Santo** 23 zuführt. Die schlichte weiße Kirche stammt aus dem 16. Jh., manuelinische Steinmetzarbeiten des Vorgängerbaus aus dem 15. Jh. rahmen das Eingangsportal. Das Innere ist mit Szenen aus dem Leben des hl. Telmo, des Schutzpatrons der Fischer und Seeleute, ausgemalt. An der Holzdecke prangt das Gemälde eines portugiesischen Schiffes. Rechts an der Capela vorbei passiert die Straße die **Fortaleza São Tiago**, die 1614 zum Schutz der östlichen Euchtseite errichtet wurde. Nach Jahren im Dienst des Militärs residiert in dem mit runden Türmchen bewehrten Bau inzwischen das **Museu de Arte Contemporânea** 24 (Mo–Sa 10–12.30 und 14–17.30 Uhr) mit Werken portugiesischer Künstler des 20. Jh. Die noch im Aufbau befindliche Sammlung ist darauf angelegt, zukünftig eine repräsentative Auswahl moderner Werke zu zeigen.

Südlich des Forts liegt Funchals beliebte Badeanlage **Praia de Barreirinha** 25, die 1994 neu erbaut wurde. Ein Ponton führt über die Felsküste aufs Meer, sodass man direkt ins kühle Nass springen kann. Wenn der Atlantik zu aufgewühlt ist, laden mehrere Pools zum Baden ein. In dem hellblauen, aus mehreren Terrassen und Cafés bestehenden Bade-

# Funchal

*Der Funchalesen liebstes Bad – an der Praia de Barreirinha kann man so richtig die Seele baumeln lassen und sich dann und wann in die Fluten stürzen*

haus können die Gäste auf Sonnenliegen entspannen oder Erfrischungsgetränke schlürfen.

Ein Fußweg führt vom Fort ein kleines Stück hinauf zur barocken Wallfahrtskirche **Igreja do Socorro** ㉖. Im 16. Jh. errichtete man hier eine erste Kapelle, die vom Erdbeben 1748 zerstört wurde. Danach begannen die Bauarbeiten für die heutige Kirche, in die das alte Portal integriert wurde. Dieses Gotteshaus spielte bei den Pestepidemien, die Madeira immer wieder heimsuchten, eine wichtige Rolle. Es ist dem *hl. Santiago* (Jakobus d. J.) geweiht, dessen Statue in Bittprozessionen während dieser schweren Zeiten durch die Stadt getragen wurde. In Gedenken an die Pestopfer findet noch heute alljährlich am 1. Mai eine Prozession statt, die an der Kirche ihren Ausgang nimmt.

## Die Hotelzone

Funchals Hotelzone beginnt westlich des Parque de Santa Catarina und zieht sich an der Felsküste und an den Hängen etwa 2 km entlang bis zur Praia Formosa. Platzmangel bestimmte nachhaltig die wenig inseltypische Architektur dieses Viertels. Am Kreisverkehr der *Praça do Infante* quälen sich die Autokolonnen um eine Armillarsphären-Skulptur und am 1947 errichteten Denkmal Heinrichs des Seefahrers, dem **Monumento do Infante** ㉗, vorbei. Von hier aus läuft man zunächst bergan zum **Parque de Santa Catarina** ㉘. Am östlichen Ende des Parks steht Madeiras vermutlich ältestes Gotteshaus, die **Capela de Santa Catarina**, die von Zarcos Ehefrau Constança

*Ein Navigationsinstrument als Denkmal portugiesischer Glorie – die Armillarsphäre*

## Funchal und Umgebung – Funchal

### Reid's oder wie eine Hotellegende entsteht

Die Anfänge des Tourismus auf Madeira lassen sich bis in die Mitte des 18. Jh. zurückverfolgen. Damals wurden **englische Ärzte** auf das gesunde und milde Winterklima der Insel aufmerksam, das sie vor allem Lungenkranken empfahlen.

Ab Mitte des 19. Jh. entwickelte sich ein exklusiver **Wintertourismus**. Adelige und Wohlhabende flohen vor den kalten mitteleuropäischen Wintern auf die Atlantikinsel und mieteten Wohnungen oder Quintas an. Viele nahmen die Dienste eines **Maklerbüros** in Anspruch, das komplett ausgestattete Villen vermittelte. Sein Besitzer war **William Reid**, Sohn eines schottischen Bauern, der 1836 als armer Schlucker nach Madeira gekommen war und sich mit Fleiß und Ehrgeiz an die Welt der Reichen herangearbeitet hatte. Reid wandelte die ersten Quintas in Hotels um und ging schließlich daran, seinen Lebenstraum zu erfüllen: ein **Luxushotel** für seine exklusive Klientel zu bauen. 1891, drei Jahre nach Reids Tod, wurde der erste Trakt eröffnet, 1901 war das **Reid's Palace Hotel** unter Leitung der Reid-Söhne schließlich fertig gestellt, und Europas Schickeria strömte in Scharen herbei.

1925 waren die Reids auf Grund großer finanzieller Schwierigkeiten gezwungen, den Hotelpalast abzustoßen. Nach einem kurzen Intermezzo gelangte das Haus 1937 in die Hände der zweiten bedeutenden englischen Familie auf Madeira, der **Blandys**. Mit viel Pomp wurde die renovierte Anlage nach dem Zweiten Weltkrieg wieder eröffnet. Die exquisite Kundschaft blieb dem Reid's auch nach dem Eigentümerwechsel treu, und die **Gästeliste** liest sich wie ein Who's who des europäischen Adels, garniert mit illustren Namen aus Politik, Film und Literatur: Da findet man Rainer Maria Rilke neben George Bernard Shaw, Fulgencio Batista, den gestürzten kubanischen Diktator, neben Albert Schweitzer, König Carl Gustav und Königin Silvia von Schweden neben Prinzessin Margaret und ihrem damaligen Ehemann Tony Armstrong, den Moby-Dick-Star Gregory Peck neben dem James-Bond-Mimen Roger Moore.

Reid's Palace Hotel ist auch heute noch die **allererste Adresse** auf Madeira. Man legt großen Wert auf Etikette. Jackett und Krawatte sind z. B. Pflicht im Speisesaal, ebenso erwartet man angemessene Kleidung beim berühmten **Five o'clock tea**, den auch Nicht-Hotelgäste im Reid's einnehmen können. Zum Tee werden süße und salzige Häppchen in bester britischer Tradition kredenzt. 1996 wurde das Hotel an die ›Orient Express Group‹ verkauft und umfassend renoviert. Heute präsentiert sich das Reid's noch schöner, ist noch immer very british und Mitglied der ›Leading Hotels of the World‹.

*Es ist serviert – im ›Reid's‹ wird der Five o'clock tea äußerst stilvoll zelebriert*

Rodriguez 1425 als Holzkapelle gestiftet wurde. Der außen wie innen schlichte Bau wurde mehrmals architektonisch verändert und stammt in seiner heutigen Form aus dem 17. Jh. Die Kapelle besitzt einen überdachten Vorbau mit einem

*Ein Hauch von Las Vegas in Funchal – Oscar Niemeyers futuristisches Casino glänzt auch mit perfekten Shows und Spitzenentertainment*

Taufbecken aus manuelinischer Zeit (16. Jh.) und einen aus der gleichen Epoche stammenden Glockenturm. Auch das 20. Jh. hat in Gestalt der Monumentalbronze **Semeador** (Sämann, 1919) von Francisco Franco Eingang in die Parkanlage gefunden. Die kleine **Estátua de Cristovão Colombo** erinnert an Christoph Kolumbus, der mehrmals auf Madeira und Porto Santo zu Gast gewesen sein soll [s. S. 113]. Historisch verbrieft sind allerdings nur zwei Besuche.

Im Westen schließt der **Parque Quinta Vigia** 29 an. Das im 17. Jh. erbaute dazugehörige *Herrenhaus* ist heute Wohnsitz und Gästequartier der Regionalregierung von Madeira. Bei Staatsbesuchen ist der Park geschlossen. Das zweite Herrenhaus der Quinta Vigia, weiter westlich gelegen – hier kurierte die österreichische Kaiserin Elisabeth I., Sisi, ihre körperlichen und seelischen Leiden –, musste Anfang der 70er-Jahre des 20. Jh. dem prestigeträchtigen **Casino da Madeira** 30 weichen. Der Architekt Oscar Niemeyer, nach dessen Plänen auch Brasiliens Hauptstadt Brasilia entstanden ist, konzipierte das Spielerparadies als Rundbau mit in den Himmel ragenden, spitz zulaufenden Betonpfeilern, die eine Dornenkrone nachbilden sollen.

Ein Stück weiter stadtauswärts ist die **Quinta Magnólia** 31 erreicht. Durch den Eingang an der rechts abzweigenden *Rua do Dr. Pita* gelangt man in die gepflegte Parklandschaft des einstigen *British Country Club*, die dem Besucher die verschiedensten Möglichkeiten zur Freizeitgestaltung bietet: Neben Schwimmbad, Tennisplätzen und Jogging-Parcours gibt es einen großen Spielplatz. Das Restaurant, in dem die Schüler der madeirensischen Hotel- und Restaurantfachschule die Gäste verwöhnt haben, wurde leider auf unbestimmte Zeit geschlossen. Wer den aufmerksamen Service der Gastronomielehrlinge genießen möchte, muss nun deren Ausweichquartier schräg gegenüber dem Hotel Madeira Palácio in der Travessa dos Piornais aufsuchen (Voranmeldung unter Tel. 2 91 76 44 03).

Die *Estrada Monumental* führt nun nach rechts in Richtung Lido. Nach wenigen Schritten öffnet sich linker Hand der Eingang zum **Reid's Palace Hotel** 32, Madeiras Nobelunterkunft, in der sich Prominente und Adelige zu Hause fühlen.

Am Cliff Bay Hotel vorbei erreicht man schließlich Funchals **Lido** 33 mit dicht an dicht stehenden Hotelhochhäusern. Nach links führt die *Rua Gorgulho* zum Felsenstrand mit einem großen Meerwasser-Schwimmbecken, Liegen- und Sonnenschirmverleih sowie zahlreichen kleinen Cafés und Restaurants. Neben der Barreirinha östlich von Funchal [s. S. 30] und der Badeanlage des Clube Naval weiter westlich ist die **Piscina do Lido** Funchals dritte öffentliche Strandzone, an der man bei ruhiger See ins Meer springen kann. In den Sommermonaten freilich bleibt bei allen dreien kein Fleckchen unbesetzt und Badegäste können hier herrliche Charakterstudien betreiben.

**Funchal und Umgebung** – Funchal, Pico dos Barcelos

## *Ausflug*

Von der Avenida do Infante biegt man hinter der Quinta Magnolia rechts in die bergauf führende Rua do Dr. Pita ein und folgt den Hinweisschildern ›São Martinho‹ bzw. ›Pico dos Barcelos‹. Die im Jahr 1927 errichtete schlichte Kirche **São Martinho** ist mit ihrem hohen Glockenturm eine unübersehbare Landmarke. Hier geht's dann rechts am Friedhof weiter bergan und nach einigen Serpentinen wieder rechts, wo man den mit einem Fernrohr gut gekennzeichneten Schildern zum Aussichtspunkt **Pico dos Barcelos** (355 m) folgt. Zum Gipfel kann man von Funchals Avenida do Infante auch zu Fuß in ca. 30 Minuten hinauf spazieren. Ein herrlicher Blick über das zu Füßen liegende Funchal bietet sich von hier oben.

**TOP TIPP** Bei klarem Wetter sieht man die Felsinseln **Illhas Desertas** am Horizont. Per Boot kann man zu den malerischen, nur von Seehunden und Wasservögeln bevölkerten Inseln fahren, die unter strengem Naturschutz stehen.

## Praktische Hinweise

**Information:** Madeira Tourism Office, Av. Arriaga 18, 9004 Funchal, Tel. 2 91 21 19 00, Fax 2 91 23 21 51 (Mo–Fr 9–20, Sa/So 9–18 Uhr)

### Flughafen
**Aeroporto Funchal**, Santa Cruz, Tel. 2 91 52 49 41.

### Öffentliche Verkehrsmittel
Funchal besitzt ein sehr gut ausgebautes Netz von Bussen, mit denen man alle Sehenswürdigkeiten auch am Rande der Stadt erreichen kann. Das Informationsbüro (s. o.) gibt Fahrpläne aller Linien heraus. Die meisten Busse zu Ausflugszielen starten an der Avenida do Mar bzw. an der Avda. das Comùnidades hinter dem Elektrizitätswerk. Etwas weiter östlich ist auch die Talstation der Kabinenbahn nach Monte (tgl. 10–17 Uhr, 13 € hin und zurück, 8 € einfach).

### Fahrradfahren
**Joyride**, Centro Comercial Olimpo, Av. do Infante, unweit des Hotels Casino Park, Tel. 2 91 23 49 06. Fahrradverleih und organisierte Touren – wegen der starken Steigungen nur Fahrern mit guter Kondition zu empfehlen.

### Golf
s. S. 41

### Segeln
**Santa Maria**, Marina, Tel. 2 91 22 03 27. Mit einem originalgetreuen Nachbau des Kolumbusschiffes, der ›Santa Maria‹, kann man entlang Madeiras Südküste segeln.

**Ventura-Sailing**, am Jachthafen, Tel. 2 91 93 46 11. Segeltörns entlang der Westküste und zu den Ilhas Desertas.

### Wandern
**Amiços da Natureza da Madeira**, Tel. 2 91 22 41 67. Geführte Wanderun-

*Fröhlich-buntes Totenreich – auf dem Friedhof von São Martinho blühen die rot-grünen Weihnachtssterne um die Wette*

*Im Pool und im Meer ist noch Platz, aber auf den Terrassen des Lido herrscht beinah drangvolle Enge – da hilft nur ein Sprung ins kühle Nass!*

gen werden von zahlreichen Veranstaltern angeboten. Empfehlenswert und preiswert sind die Wandertouren des Naturfreunde-Clubs Madeira.

### Einkaufen

**Filatelia-Numísmatica Madeira**, im Marina-Einkaufszentrum an der Av. Arriaga, Tel. 2 91 22 30 70. Alles, was des Briefmarkensammlers Herz begehrt!

**Imperial de Bordados**, Rua de São Pedro 26, Tel. 2 91 22 32 82. Besondere Kunstwerke der Madeira-Stickerei in elegantem Ambiente. Die hohe Qualität hat allerdings ihren Preis.

**Licoraria Madeirense**, Rua dos Ferreiros 15, Tel. 2 91 22 44 31. Weine, Liköre und Schnäpse aus heimischer Produktion.

**Pátio**, Livraria Inglesa, Rua da Carreira 43, Tel. 2 91 22 44 90. Große Auswahl an deutsch- und englischsprachiger Literatur über Madeira.

**San Francisco Wine Lodge**, Av. Arriaga 28, Tel. 2 91 74 01 10. Madeira-Weine zum Verkosten und Kaufen.

**Sousa & Gonçalves**, Rua do Castanheiro 47, Tel. 2 91 22 36 26. Korbwaren in allen Stilrichtungen und Größen.

### Nachtleben

**As Vespas**, Av. Francisco Sá Carneiro, Tel. 2 91 23 48 00. An den Wochenenden tobt hier ab 23 Uhr Funchals Jugend zu Techno und Hip Hop.

**Casino da Madeira**, Av. do Infante, Tel. 2 91 20 91 80, Fax 2 91 23 58 94. Einarmige Banditen, Roulette, Restaurant und Las-Vegas-Shows.

**Marcelino**, Travessa da Torres 22, Tel. 2 91 22 02 16, geöffnet ab 22.30 Uhr. Urige Bar mit Fado-Musik. Star ist

*Stunde der Melancholie – der Fado folgt einer strengen Choreographie*

**Funchal und Umgebung** – Funchal

meist José Cândido, der furios gleichzeitig kellnert und die traurigsten Fados zum Besten gibt.

**Salsa Latina**, Rua Imperatriz D. Amélia, Tel. 2 91 22 51 82. Snackbar mit internationaler Küche, ab 23 Uhr Livemusik.

## Hotels

\*\*\*\*\* **Madeira Palacio**, Est. Monumental 265, Tel 2 91 70 27 02, Fax 2 91 70 27 03, Internet: www.hotelmadeirapalacio.com. Elegantes Traditionshotel nahe der Praia Formosa mit wunderbarem Blick aufs Meer; den Pool umgibt ein üppiger Garten voller exotischen Blüten und Bäume. Moderner Fitness- und Wellnessbereich, Shuttle-Service nach Funchal, gutes Restaurant.

**TOP TIPP** \*\*\*\*\* **Reid's Palace Hotel**, Estrada Monumental 139, Tel. 2 91 71 71 71, Fax 2 91 71 71 77, E-Mail: reidshtl@mail.telepac.pt, kostenlose Reservierungsnummer in Deutschland Tel. 08 00 8189 230. Höhepunkt englischer Lebensart und der absolute Luxus in herrlicher Lage über den Klippen. 162 Zimmer und 32 Suiten. Das wunderbar mit alten portugiesischen Azulejos dekorierte Meeresschwimmbecken ist eine Augenweide, der üppige Park eine Oase der Ruhe und das perfekt geschulte Personal verwöhnt nach allen Regeln der Kunst. Zum Service gehört auch ein Mini-Club für Kinder.

**TOP TIPP** \*\*\*\* **Quinta da Bela Vista**, Caminho Avista Navios 4, Tel. 2 91 70 64 00, Fax 2 91 70 64 11. Ein Traumhotel hoch über Funchal. Das mit Antiquitäten eingerichtete Herrenhaus der Familie, die ihre Linie auf den Lehnsherren Bartolomeu Perestrelo zurückführt, liegt in einem großen, grünen Garten und beherbergt vier Suiten. Die Standardzimmer im Neubau sind nicht minder geschmackvoll. Gartendinner, Pool-Barbecue etc. gehören eben Sauna, Schwimmbecken und Fitnessraum zum Programm.

\*\*\* **Albergaria Dias**, Rua Bela Santo Tiago, Tel. 2 91 20 66 80, Fax 2 91 20 66 81. Familiär geführtes, ruhiges Hotel über der Zona Velha mit Pool und Restaurant.

\*\*\* **Albergaria Penha de França**, Rua Penha de França 2, Tel. 2 91 22 90 87, Fax 2 91 22 92 61. Ein um eine Quinta gewachsenes kleines Hotel mit schönem Garten und einer aufs Meer blickenden modernen Dependance.

\*\*\* **Estalagem Monte**, Azinhaga Casa Branca 8, Tel. 2 91 77 40 72, Fax 2 91 77 55 15. Das sympathische und sehr familiär geführte Haus liegt ruhig oberhalb der Hotelzone mit schönem Blick.

\*\*\* **Monte Carlo**, Calçada da Saúde 10, Tel. 2 91 22 61 31, Fax 2 91 22 61 34. Ein ehrwürdiger Bau hoch über Funchal, in der Nähe der Quinta das Cruzes. Herrlicher Blick über die Stadt.

## Restaurants

**A Tangerina**, Rua das Mercês 3–5, Tel. 2 91 22 13 00. Sympathisches Restaurant mit guten madeirensischen und internationalen Gerichten und einer wechselnden Mittagskarte.

**Arsenio's**, Rua S. Maria 169, Tel. 2 91 22 40 07. Madeirensisches Spezialitätenrestaurant in der Zona Velha, das seine Gäste mit Fado-Sängern unterhält und trotz des enormen Andrangs sehr gutes Essen serviert. Der Chef grillt *Espetadas* und Fisch werbewirksam vor dem Restaurant.

**Bio-Logos**, Rua Nova de S. Pedro, Tel. 2 91 23 68 68. Vegetarisches Restaurant.

*Blick aufs ›Reid's Palace‹, eines der schönsten Hotels der Welt*

*Blühende Königinnen – wie ein exotischer Vogel nimmt sich die Strelitzie zwischen den beiden Orchideen aus. Rechts der Blütenstand einer Yucca-Palme*

## Wo Blumenkönige und Wurstbäume in den Himmel wachsen

*Die Vegetation, die Madeira ursprünglich bedeckte, bestand in mittleren Lagen zwischen 300 m und 1500 m aus dichtem* **Lorbeerwald**, *in dessen Unterholz schatten- und feuchtigkeitsliebende Pflanzen wie* **Farn**, **Moos** *und* **Baumbart** *gediehen. Bizarre* **Drachenbäume** *wuchsen in den tieferen Lagen Madeiras und auf der ariden Nachbarinsel Porto Santo, während die Hochlagen über 1700 m in das Reich der Macchia überleiteten, in dem* **Baumheide** *(Erica arborea) und die bis zu 2 m hohe* **Madeira-Heidelbeere** *(Vaccinium maderense) vorherrschen – beide kann man noch heute an den Levada-Wegen finden.*

*Durch Abholzung (Nutzholz und Ackerlandgewinnung) wurde der ursprüngliche Baumbestand weitgehend vernichtet. Nur noch an wenigen Stellen der Insel, etwa in der Umgebung von Ribeiro Frio [s. S. 99], ist Lorbeerwald zu finden.*

*Nach Jahrhunderten des Raubbaus wurde dann ab dem 19. Jh. mit importierten Baumarten wie* **Eukalyptus** *und* **Kiefer** *umfangreich aufgeforstet. Der große Pflanzenreichtum, den man heute auf Madeira antrifft, ist allerdings nicht ökologisch notwendigen Maßnahmen, sondern der* **Gartenleidenschaft** *seiner britischen Bewohner zu verdanken. In Blandy's Garden oder im Botanischen Garten von Monte Palace trugen wohlhabende Händler und Aristokraten Pflanzen aus aller Welt zusammen und schufen damit die Grundlage für die paradiesisch anmutende Blumenpracht der Atlantikinsel.*

*Madeiras Nationalblume, die* **Strelitzie** *(Strelitzia reginae), stammt eigentlich aus Südafrika und wurde Mitte des 19. Jh. eingeführt. Mithilfe dieser Pflanze begründete man etwa 100 Jahre später einen neuen Wirtschaftszweig auf der Insel, der sehr erfolgreich werden sollte: den Handel mit exotischen Schnittblumen. Eine weitere, ebenfalls aus Südafrika stammende Exotin ist die* **Königsprotee** *(Protea cynaroides), deren Blüte im geschlossenen Zustand an eine Artischocke erinnert. Auch die Heimat der* **Calla** *(Zantedeschia aethopica) ist Südafrika. Die roten oder weißen, ovalen Blütenblätter glänzen, als seien sie mit Klarlack überzogen.*

*Recht exotisch sind auch verschiedene Baumarten:* **Dattelpalmen** *aus Nordafrika und von den Kanaren wiegen ihre Wedel neben den palmenähnlichen* **Baumfarnen** *mit ihren filigranen Fächerkronen. Kigelia africana, auf Madeira* **Wurstbaum** *genannt, lässt seine wie Würste geformten Früchte über den Spaziergängern baumeln, und der* **Trompetenbaum** *(Tecoma stans) setzt sich mit zartgelben, trompetenförmigen Blüten in Szene.*

**Funchal und Umgebung** – Funchal/Jardim Botânico da Madeira

**Casa Velha**, Rua Imperatriz D. Amélia 69, Tel. 2 91 22 57 49. In einem alten Herrenhaus werden delikate Gerichte serviert, die madeirensische Traditionen mit französischen Einflüssen vermählen.

**TOP TIPP** **Combatentes**, Rua de S. Francisco 1, Tel. 2 91 22 13 88. In drangvoller Enge servieren die Besitzer deftige Hausmannskost, gelegentlich sogar die selten gewordene Brotsuppe. Fast immer stehen jedoch *Sopa de tomate et cebola* und verschiedene Eintopfgerichte auf der Speisekarte. Einheimische Gäste schätzen vor allem den Mittagstisch.

**TOP TIPP** **Golden Gate Café**, Av. Arriaga 29, Tel. 2 91 23 43 83. Das 1841 gegründete Café ist der Treffpunkt der madeirensischen Damenwelt nach dem ausgedehnten Shopping-Bummel. Stilvolles Mahagoni-Interieur und hervorragende leichte Küche wie Carpaccio oder kleine Pasta-Gerichte.

**Velhinho**, Rua Santa Maria 84, Tel. 2 91 22 48 99. In diesem urigen Kellerlokal geht's sehr volkstümlich zu; Frau Wirtin kocht deftig-madeirensisch, während der Gatte temperamentvoll serviert.

**TOP TIPP** **O Celeiro**, Rua dos Aranhas 22, Tel. 2 91 23 06 22. Gemütliches Kellerlokal mit hervorragender madeirensischer Küche. *Espetadas*, *Caldo verde* und *Espada preta* [s. S. 128 f.] schmecken hier ausgezeichnet. Wer will, kann das Abendessen sogar in einem original madeirensischen Ochsenschlitten einnehmen.

**Quinta Palmeira**, Av. do Infante 5, Tel. 2 91 22 18 14. Einer der besten Esstempel Madeiras, in einer alten Quinta, möbliert mit erlesenen Antiquitäten. Spezialitäten sind neben *Espetada* und Spießen mit Fisch und Meeresfrüchten auch Steaks und Geflügel. An warmen Abenden tafelt man draußen im schönen Garten.

## 2 Jardim Botânico da Madeira

*Ein Meer exotischer und einheimischer Pflanzen hoch über Funchal.*

Der Jardim Botânico da Madeira (tgl. 9 – 18 Uhr) liegt nordöstlich von Funchal in etwa 300 m Höhe an einem sanft abfallenden Hang. Eingerichtet wurde er von der Stadtverwaltung auf dem Gelände der einstigen *Quinta* der Hoteliersfamilie Reid. Hier ist heute ein **Naturkundliches Museum** ❶ (tgl. 9 – 12.30 und 13.30 – 17.30 Uhr) untergebracht, das neben ausgestopften Tieren sowie getrockneten Pflanzen und Samen auch von Madeira stammende Fossilienfunde präsentiert.

Von der Quinta aus folgt man den hübsch angelegten Wegen in die verschiedenen themenbezogenen Areale des Gartens. Gleich zu Beginn kann man die **einheimische Flora** ❷ Madeiras bewundern, die auf der Insel selbst fast ausgerottet ist: Madeira-Lorbeer (*Laurus indicus*), Baumwacholder, Besenheide und den überaus malerischen Drachenbaum. Am **Bromelien-Treibhaus** ❸ und einigen **Vogelvolieren** ❹ vorbei gelangt man zu einem wahren Meer von **Strelitzien** ❺. Die aus Südafrika eingeführte *Strelitzia reginae* gehört zur Gattung der Bananengewächse und ist heute dank ihrer Haltbarkeit eines der wichtigsten *Exportgüter* der Insel. Auf dem bis zu 1 m hohen und von lanzettförmigen Blättern umgebenen Stengel sitzen orange-blaue Blüten, die an Schnäbel exotischer Vögel erinnern. Hinter den Strelitzienfeldern lockt eine *Aussichtsterrasse* mit **Terassenbar** ❻ zu einer Rast im Grünen mit Blick über Funchal hinaus aufs Meer.

Unterhalb des Cafés folgt ein **Blumengarten** ❼, dessen bunte Blütenköpfchen so kunstvoll gepflanzt und gestutzt wurden, dass sie das portugiesische Wort für Willkommen, *Bemvindo*, in die Beete schreiben. Darunter widmet sich eine Abteilung den **Nutzpflanzen** ❽ Madeiras: Neben dem früher für die Inselwirtschaft so wichtigen Zuckerrohr sieht man Bananenpflanzen mit ihren weinroten Fruchtständen, Kaffeesträucher, Yams und verschiedene exotische Obstsorten wie Guaven, Papayas, Mangos und Ananas. Bergab schließt ein weiteres Beet mit einheimischen Pflanzen an, das von einem **Palmenhain** ❾ begrenzt wird. Kleine Teiche, die ›Liebesgrotte‹ und ein ›Santana-Haus‹ [s. S. 74] sowie schöne Aussichtspunkte mit immer neuen Perspektiven über duftende Blüten und tiefgrüne uralte Bäume bereichern den Botanischen Garten zusätzlich, so dass man hier herrlich promenieren kann.

Östlich des Nutzgartens liegt der Eingang zum **Jardim dos Loiros** ❿ (tgl. 9 – 17.30 Uhr), dem Papageienpark. Die von einem Schweden 1989 gegründete Anla-

# Jardim Botânico da Madeira/Blandy's Garden

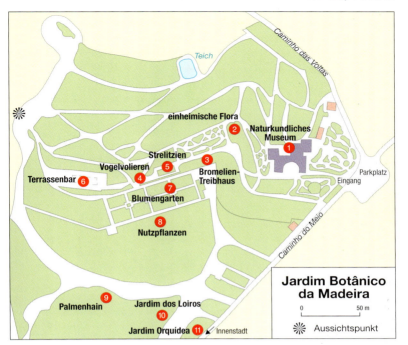

ge hat sich der Zucht der plappernden und kreischenden Vögel verschrieben, deren vielstimmiger Chor den ganzen Tag über erschallt.

Zum Orchideengarten **Jardim Orquídea** ⓫ (tgl. 9–17.30 Uhr) gelangt man über die Rua Pita da Silva etwa 200 m bergab. Orchideenfreunde können hier alle nur erdenklichen Arten dieser kostbaren und empfindlichen Blütenpflanze studieren. Aufzucht und Pflege sind auch in deutscher Sprache dokumentiert. Der Garten exportiert besondere Züchtungen in alle Welt und verkauft Setzlinge und in Blüte stehende Pflanzen auch an Besucher.

## Praktische Hinweise

### Öffentliche Verkehrsmittel

Bus Nr. 29, 30, 31, ca. alle 30 Min. von Funchal aus

## Blandy's Garden *Plan Seite 40*

*Eine Parkanlage der Superlative.*

Eine Ziegelmauer schützt das riesige Anwesen, Blandy's Garden, auch **Palheiro Gardens** (Mo–Fr 9.30–12.30 und 14.30–18 Uhr) genannt, das die Familie Blandy 1885 gekauft hatte. Ursprünglich gehörte der über 200 ha große Besitz dem *Conde de Carvalhal*, der im 19. Jh. Bürgermeister von Funchal war. 1801 wurde ein erstes Herrenhaus – das heutige Hotel Casa Velha do Palheiro – errichtet und der Park von einem französischen Landschaftsgärtner gestaltet. Als Familie Blandy das Anwesen übernahm, ließ sie ein zweites großes Herrenhaus bauen, die Casa Velha verfiel. Heute steht ein Teil von Blandy's Garden Besuchern offen, die Gärten um die immer noch bewohnte *Quinta* sind allerdings gesperrt und das Areal um das Hotel dessen Gästen vorbehalten.

An einem **Kamelienspalier** ❶ vorbei führt der Spazierweg vom Eingang hinunter in den Park. Wenn die Kamelien im Winter und Frühjahr ihre zartweißen bis tiefroten Blüten öffnen, bilden sie ein dekoratives Empfangskomitee. Rechts öffnet sich das Spalier zu einer Wiese, auf der die **Königsproteas** ❷ in Rosé und Pink um die Wette blühen. Anschließend verbreitert sich der Weg, und über dichte Hecken hinweg erblickt man links die **Quinta** ❸ der Blandys, einen weißen, viel gegliederten Bau, dessen Fenster und Türen mit schwarzem Basaltstein

## Funchal und Umgebung – Blandy's Garden

abgesetzt sind. Schlanke Palmen, verführerisch duftende Rosenbüsche und weiß blühender Jasmin hüllen das Haus ein. Nach Süden zu sieht man zwischen Araukarien und Platanen hindurch das Meer heraufblitzen. Schräg gegenüber der Quinta geht's über ein Brücklein in den mit efeuumrankten Statuen geschmückten **Versunkenen Garten** ❹, der etwas unter dem Niveau des übrigen Parks liegt. Schattige Bänke laden zum Verweilen zwischen den Blumenbeeten ein, auf denen blaue Salvien sowie zartrosa und weiße Magnolien blühen. Weiter westlich gibt es einen scheinbar wilden, ungestalteten Parkbereich, der **Inferno** ❺, Hölle, heißt. Einem tiefgrünen Dschungel gleich wuchern hier Mahagoni, Eukalyptus, Rhododendron und Farn um eine Senke, durch die ein kleiner Bach fließt. Viele der Bäume stammen noch aus der Entstehungszeit des Gartens.

Südöstlich der Quinta liegt der französische **Garten der Dame** ❻ mit

*Englische und französische Gartenkunst und die wuchernde Blütenpracht Madeiras verleihen Blandy's Garden das ganz besondere Flair*

# Blandy's Garden/Monte

*Freunde des Grünen Sports können auf Madeira in fantastischen Landschaften spielen. Hier das Green von Palheiro Golfe*

Buchsbaumhecken, die zu geometrischen Formen und Tierfiguren gestutzt sind. Von diesem Jardim da Senhora blickt man gen Westen auf eine schlichte, mit kleinem quadratischen Turmaufsatz bekrönte barocke **Kapelle** ❼, die Conde de Carvalhal für Familienandachten hat errichten lassen. Von hier fließt eine mehrmals zu hübschen Teichen aufgestaute **Levada** nach Süden in Richtung Hotel **Casa Velha do Palheiro** ❽. Die seit 1997 zur Luxusherberge umgebaute Quinta des Conde de Carvalhal stand fast 90 Jahre leer, bevor sie mit EU-Mitteln wieder hergerichtet wurde. Zur Einweihung des Hotels kam als Ehrengast auch Madeiras Regierungschef Dr. Alberto João Jardim.

### Praktische Hinweise

**Öffentliche Verkehrsmittel**

Bus Nr. 36, 37 von Funchal aus

**Sport**

**Palheiro Golfe**, Sítio do Balancal, São Gonçalo, Funchal, Tel. 2 91 79 21 16, Fax 2 91 79 24 56. 18-Loch-Parcours von 6 km Länge in herrlicher Hügellandschaft mit altem Baumbestand über der Bucht von Funchal.

**Hotel**

 ***** **Casa Velha do Palheiro**, Palheiro Golfe, São Gonçalo, Funchal, Tel. 2 91 79 49 01, Fax 2 91 79 49 25. Wunderschönes, geschmackvoll eingerichtetes Landhaus-Hotel in herrlicher Panoramalage. Der Golfplatz und Blandy's Garden befinden sich direkt nebenan. Beheizter Pool und hervorragendes Restaurant.

## ▮4 Monte

*Eine ehrwürdige Wallfahrtskirche und hochherrschaftliche Villen, umgeben von tropischen Gärten.*

In 550 m Höhe über Funchal gelegen, war Monte im 19. Jh. Wohnort der Adeligen und Reichen Madeiras. Sie errichteten Villen in tropischen Gärten, und hier stiegen auch ihre ebenso wohlhabenden und prominenten Besucher ab. Das *Monte Palace Hotel* [s. S. 43] empfing fast jeden, der in Europa Rang und Namen hatte. In Monte verbrachte der 1918 aus Österreich vertriebene, weitgehend mittellos gewordene Kaiser Karl I. die letzten Monate seines Lebens. Nach einem zu kostspieligen Aufenthalt im Reid's zog das Kaiserpaar samt Kindern in die *Villa Gordon*, die ihnen der Bankier Luís da Rocha Machado kostenlos überlassen hatte. Zwei Monate später starb Karl I. an einer Lungenentzündung und wurde in der Wallfahrtskirche **Nossa Senhora do Monte** beigesetzt. Das Gotteshaus erreicht man von der Bushaltestelle am Largo da Fonte auf einem kurzen Fußweg bergauf. Der im traditionel-

**Funchal und Umgebung** – Monte

## Wanderung nach Monte

*Von Blandy's Garden führt ein etwa 2,5-stündiger Levada-Weg nach Monte. Er ist gut ausgeschildert und leicht zu begehen, erfordert im letzten Teilstück aber etwas Kondition, weil es steil bergab und bergauf geht.*

*Ausgangspunkt ist die unterhalb von Blandy's Garden gelegene Bushaltestelle* **Levada dos Tornos** *(Bus Nr. 77) an der Straße Funchal–Camacha. Parallel zur Levada führt der Wanderweg nach Westen zunächst durch Kiefern- und Eukalyptuswald, dann wieder durch Streusiedlungen. Allenthalben sieht man die auf schlanken, hohen Stielen sitzenden blauen und weißen Blütenbüschel der Afrikanischen Liebesblume (Agapanthus).*

*Die Route quert zwei asphaltierte Straßen und passiert ein Wasserreservoir, trennt sich (Hinweisschild ›Levada‹) für kurze Zeit vom Wasserkanal und quert nach etwa 60 Min. erneut eine Straße. Dahinter geht es in das tief eingeschnittene Tal der* **Ribeira de João Gomes**. *Zu Füßen des Wanderers liegt jetzt der Botanische Garten von Funchal, und am gegenüberliegenden Hang leuchtet ihm die weiße Silhouette der Wallfahrtskirche von Monte entgegen. Unter Eukalyptusbäumen geht die Wanderung bis zur Ortschaft Romero. Einmal noch wird dabei ein Bachbett überquert, dann verlässt man die Levada am Ortseingang von* **Romero** *und läuft auf dem bergab führenden Weg durch den Ort und dahinter steil in den Bachgrund der Ribeira de João Gomes hinunter, über den eine alte Steinbrücke führt.*

*Im tiefgrünen Schatten kann der Wanderer etwas Atem schöpfen, bevor es wieder bergauf zum* **Largo das Barbosas** *und wenige Schritte weiter zur Wallfahrtskirche* **Nossa Senhora do Monte** *geht. Am Largo da Fonte in* **Monte** *schließlich laden Cafés zur wohlverdienten Rast.*

len Architekturstil mit weißen Mauern und grauschwarzen Basaltumrahmungen errichtete Bau stammt in seiner heutigen Gestalt aus dem Jahr 1897. Zwei niedrige quadratische Türme flankieren die *Fassade* des Gotteshauses, das sich auf einer Plattform mit herrlichem Blick über die Bucht von Funchal erhebt. An den Seitenwänden der dem Eingang vorgesetzten *Arkaden* fallen einige schöne blau-weiße Azulejos ins Auge. Das **Innere** der Kirche ist betont schlicht – nur die in Silber gefasste *Marienstatue* am Hochaltar und das Grab Karls I. mit seinem schön geschmiedeten Eisengitter in einer Seitenkapelle links verdienen Beachtung.

Am höchsten Feiertag Madeiras, dem 15. August (Mariae Himmelfahrt), ziehen Pilger durch die fahnen- und blumengeschmückten Straßen von Monte und dann über die 74-stufige Treppe zur Kirche hinauf. In der **Prozession** wird die als wundertätig verehrte Marienstatue mitgeführt. Die unscheinbare Holzskulptur war von einer Schäferin in der Nähe Montes gefunden worden, nachdem ihr die Jungfrau erschienen war. Mehrmals stellte *Nossa Senhora do Monte* ihre Kraft unter Beweis: So soll sie 1803 die Stadt Funchal vor einer drohenden Überschwemmung gerettet haben.

Am hübschen **Largo da Fonte** steht die kleine **Capelinha do Monte**, ein der Jungfrau Maria geweihter Marmorpavillon, in dem eine Quelle gefasst ist.

*Die Treppe zur Kirche von Monte scheint direkt in den Himmel zu führen*

Um die Capelinha herum bauen Souvenirhändler ihre bunten Stände auf und verkaufen Wollmützen und -pullover, Schnitzarbeiten und Madeira-Stickereien. Auf einer Brücke überquert man die Trasse der alten Zahnradbahn, die Besucher zwischen 1894 und 1939 von Funchal nach Monte beförderte. Seit November 2000 verkehrt wieder eine moderne Kabinenbahn, die sofort zu einem Wahrzeichen Madeiras wurde.

Dann spaziert man ein Stück die Straße bergan zur Abfahrtsstelle der *Carros de cesto*. Diese **Korbschlittenfahr**t kam im 19. Jh. in Mode. Damals ließen sich die in Monte ansässigen Kaufleute in den Schlitten zu ihren Kontoren unten in Funchal befördern. Schon bald benutzten sie auch Touristen, und heute gehört die Korbschlittenfahrt von Monte zu den lustigsten Freizeitvergnügungen für Madeira-Besucher. Die Schlittenlenker, die die traditionelle weiße Kleidung und buntbebänderte Strohhüte tragen, laufen die gesamte knapp 2 km lange Strecke neben dem Gefährt her.

Nur wenige Meter vom Startplatz der Korbschlitten entfernt, liegt der Eingang zum **Monte Palace Tropical Garden** (Mo–Fr 9–18, Sa/So 9–17 Uhr). Auf dem einstigen Anwesen des Monte Palace Hotel hat der wohlhabende Unternehmer *José Bernardo* 1987 einen wunderschönen tropischen Park anlegen lassen. Der alte Baum- und Pflanzenbestand wurde durch neue importierte Arten ergänzt, Teiche und thematische Gärten entstanden. Viele schöne Wege führen durch den tropischen Garten. Besonders sehenswert sind die im Nordteil neben dem Fischteich ausgestellten modernen **Azulejos**, auf denen die Abenteuer der ›Portugiesen in Japan‹ erzählt werden, und auch die Sammlung von Azulejos des 15.–20. Jh. entlang des Spazierwegs oberhalb des Sees in Richtung Orientalischer Garten. Architektonisch interessant ist der **Bogengang** am südlichen Ende des Gartens mit manuelinischen Fensterstöcken, die aus Portugal stammen. Nicht weit davon entfernt stößt man auf einen großen **Teich** mit japanischen Khoi-Karpfen und einen **Orchideengarten**. Das ehem. *Monte Palace Hotel* im Zentrum der Anlage wurde in strahlendem Weiß renoviert und dient heute als **Museum** für wechselnde Porzellan- und Gemäldeausstellungen. Hinter dem Hotel kann man sich am Anblick der unter Naturschutz stehenden **Palmfarne** (*Cycaden*) erfreuen, durch deren fi-

*Laufen, Bremsen, Schieben – für die Korbschlittenfahrt von Monte bergab brauchen die ›Carreiros‹ in Weiß eine gute Kondition*

# Funchal und Umgebung – Monte

*Pflanzen und Bauten aus aller Welt hat ein reicher Gönner im Monte Palace Tropical Garden versammelt. Das einstige Luxushotel dient heute als Museum*

ligrane Wedel die Sonne immer neue Lichtmuster auf den Boden zaubert. Nordöstlich im **Orientalischen Garten** sind Flora und Architektur des Fernen Ostens versammelt. Zwischen all der tropischen Pracht wirkt der Garten mit der einheimischen **Flora** Madeiras, u. a. Laurazeen [s. S. 100], fast unscheinbar. Er begrenzt den Park im Osten. Hier gibt es auch mehrere Aussichtspunkte und einen Picknickplatz.

### Praktische Hinweise

#### Öffentliche Verkehrsmittel
Bus Nr. 20, 21 ca. alle 30 Min. von Funchal aus, Seilbahn tgl. 10 – 17 Uhr

#### Hotel
\*\*\*\***Quinta do Monte**, Caminho do Monte 192, Tel 2 91 78 01 00, Fax 2 91 78 01 10, Internet: www.cuintadomonte.com. Luxuriöse Quinta

*Im Relógio von Camacha gibt es vom Untersetzer bis zur Arche Noah samt Tieren alles, was aus den biegsamen Zweigen der Weide geflochten werden kann*

in üppigem Garten, nur wenige Minuten von der Seilbahnstation entfernt.

**Restaurant**
**Casa de Abrigo do Poiso**, Poiso, Monte, Tel. 2 91 78 22 69. Eine gute Adresse für Liebhaber von Forellen.

## 5 Camacha

*Die meist wolkenverhangene Heimat der meisterhaften Korbflechter.*

9 km sind es von Funchal bis in den 800 m hoch gelegenen und am Nachmittag häufig in Wolken gehüllten Ort Camacha. Mitte des 19. Jh. wurde er dank des kühlen Klimas Sommerfrische wohlhabender Engländer. Auf Initiative der Familie Hunton wurde damals in Camacha die **Korbflechterei** etabliert. Man produzierte z. B. Korbmöbel für Funchals Quintas und Hotels und schließlich auch für den Export nach Europa. Noch heute werden Möbel und Körbe überwiegend in Heimarbeit hergestellt. Über 2000 Menschen sind in dieser Branche beschäftigt.

Ziel der meisten Besucher ist der Shoppingkomplex **Relógio** auf dem großzügigen Hauptplatz *Largo de Achada*. Mit seinem **Uhrturm**, den der Brite Michael Grabham 1896 nach dem Vorbild des Londoner *Big Ben* errichten ließ, überragt das mehrstöckige Gebäude die Häuser Camachas. Es präsentiert mit dem namengebenden Geschäft **Relógio** (tgl. 9–21 Uhr) die größte Verkaufsausstellung und Exportfirma von Korbwaren auf der Insel. Preiswerter als die Konkurrenz ist Relógio nicht unbedingt immer, doch es bietet mit rund 800 verschiedenen Exponaten – von winzigen Blumentöpfen bis zu kompletten Sesselgarnituren – sicherlich die umfassendste Auswahl. Im hinteren Teil kann man über eine Treppe zu den *Werkstätten* der Korbmacher hinuntersteigen und ihnen bei der Arbeit zusehen.

Der Komplex verfügt außerdem über ein *Café-Restaurant* mit Snacks und Getränken, und wer in Camacha übernachten möchte, der findet im integrierten *Hotel Estalagem Relógio* sicherlich ein freies Zimmer.

Im Ortsbild sieht man noch manch hübsches Herrenhaus hinter hohen schmiedeeisernen Gittern in verwilderten Gärten. Und als weitere Besonderheit Camachas sei erwähnt, dass hier noch

*Ein Handwerk mit Tradition – der Korbflechter kreiert ein formschönes Produkt*

viele Männer die traditionelle Wollmütze der Insel, die *Barrete de lã*, tragen.

### Praktische Hinweise

**Öffentliche Verkehrsmittel**
Bus Nr. 29, 77 ca. alle 60 Min. von Funchal aus

**Hotel**
\*\*\* **Estalagem Relógio**, Achada, Camacha, Tel. 2 91 92 27 77, Fax 2 91 92 24 15. Mittelklassehotel mit einfachen, aber zweckmäßig eingerichteten Zimmern.

## 6 Caniço

*Von der Kirche der zwei Heiligen zum Taucherparadies am Felsenstrand.*

Von der Autobahn in Richtung Flughafen zweigt kurz hinter Funchal eine Straße nach Caniço ab und windet sich in Kehren in Richtung Meer. Der Ort liegt in etwa 230 m Höhe über der See und ist 9 km von Funchal entfernt.

Eine imposante barocke *Kirche* aus dem Jahr 1783 beherrscht das Stadtzentrum. Der im Inneren schlichte Sakralbau ist quasi Symbol für die einstige Zweiteilung Madeiras. An der Ribeira do Caniço stießen die von João Gonçalves Zarco

## Funchal und Umgebung – Caniço

*Während des Heiligenfests zeigt sich Caniço von seiner buntesten Seite*

und Tristão Vaz Teixeira verwalteten *Legatsgebiete* Funchal und Machico aneinander. So kam es zur Gründung zweier benachbarter Gemeinden, eine jede mit eigener Kirche und eigenem Schutzpatron: dem hl. Paraklit und dem hl. Antonius. Mitte des 15. Jh. wurden die beiden Orte zusammengefasst, und nachdem die Kirchen 1783 durch Erdbeben zerstört worden waren, wurde der Bau eines einzigen, beiden Patronen geweihten Gotteshauses beschlossen. Auf dem hübschen Platz *Sítio da Vargem* vor der Kirche ist madeirensisches Flair lebendig. Bänke laden zur Rast unter Bäumen, ein Springbrunnen sprudelt fröhlich vor sich hin und die Rentner des Ortes treffen sich zum Plausch. Wenige Schritte vom Zentrum entfernt in Richtung Caniço de Baixo liegt hinter hohen Mauern versteckt ein wahres Paradies: die **Quinta Splendida**. Haupthaus, Bungalows und Pool des Hotels werden von lila blühenden Bougainvilleen und duftenden Rosen umschmeichelt.

Folgt man der Straße weiter bergab in Richtung Meer, findet man sich plötzlich in einer vom Fremdenverkehr geprägten Zone wieder. Hotels, Ferienhäuser, Fast-Food-Restaurants und Supermärkte markieren die Außenbezirke des Badeortes **Caniço de Baixo** und des westlich davon liegenden Garajau. Das sich am Meer entlangziehende Zentrum von Caniço de Baixo mit seinen weißen Ferienhäusern und kleinen Hotels in gepflegten Gärten wirkt dagegen adrett und einladend. Die beiden attraktiven Badeanlagen *Lido Rocamar* und *Lido Galomar* mit Meer-

*Tauchschüler am Kai von Caniço de Baixo – beim Sprung in das blaue, nasse Element paddelt der Vortaucher ›elegant‹ mit den Flossen*

# Caniço

*Madeiras ganze Blütenpracht spiegelt sich in diesem farbenfrohen Aquarell des deutschen Malers Siegward Sprotte*

wasserschwimmbecken gehören zu den gleichnamigen Hotels, können gegen Gebühr aber auch von Nicht-Hotelgästen besucht werden. Außerdem gibt es, z. B. bei der Villa Ventura, einige winzige Kiesbuchten, von denen aus man bei ruhiger See hinausschwimmen kann. Der etwas größere Kiesstrand **Reis Magos** befindet sich östlich von Caniço de Baixo.

Auf Initiative des Deutschen ›Manta-Rainer‹, bürgerlich Rainer Waschkewitz, hin wurde die 6 km lange Küste zwischen **Ponta do Lazareto** östlich von Funchal und **Ponta da Oliveira** bei Caniço 1986 zum Unterwasserschutzgebiet erklärt und der Fischfang verboten. Seitdem hat sich die Meeresfauna erstaunlich gut erholt, und wer zum Tauchgang aufbricht, kann damit rechnen, Silberbarsche und vielleicht sogar Riesenrochen (*Mantas*) zu sehen.

Abgesehen von der Quinta Splendida ist das Hotel **Inn & Art** besonders erwähnenswert: Der Maler Armin Sprotte, der Sohn des 1913 in Potsdam geborenen Künstlers Siegward Sprotte, dessen expressionistische Aquarelle u. a. auf Madeira und Sylt entstanden sind, hat mit dem Inn & Art eines der geschmackvollsten Hotels Madeiras kreiert. Kunst von Vater und Sohn schmückt die Wände, die Zimmer sind modern und besitzen alle einen individuellen Touch.

### Praktische Hinweise

#### Öffentliche Verkehrsmittel

Bus Nr. 2 von Funchal nach Caniço oder Nr. 136 an der Küste entlang über Garajau nach Caniço de Baixo

#### Mietwagen

**Magos Car**, Tel. 2 91 93 48 18, hervorragend gewartete Mietwagen und Motorräder.

#### Tauchen

**Atalaia Diving**, Hotel Roca Mar, Caniço de Baixo, Tel. 2 91 93 43 30, Fax 2 91 93 30 11. Auskunft und Buchung von Kursen (deutsche Leitung).

**Manta Diving Center**, Lido Hotel Galomar, Tel. 2 91 93 45 66, Internet: www.mantadiving.com. Kompetent geführte Tauchexkursionen und Kurse im UW Nationalpark.

#### Nachtleben

**Habeas Coppus**, Edificio Ventur, Caniço de Baixo, Tel. 2 91 93 47 80. Restaurant und Pub, das täglich bis 2 Uhr morgens geöffnet hat.

#### Hotels

**\*\*\*\* Quinta Splendida**, Sítio da Vargem, Caniço, Tel. 2 91 93 04 00, Fax

## Funchal und Umgebung – Caniço

*Posieren fürs Hochzeitsfoto im Garten der Quinta Splendida – das Hotel wird an den Wochenenden gerne für Familienfeiern gebucht*

2 91 93 04 01, E-Mail: quintasplendida@mail.telepac.pt. Bungalowanlage um eine Quinta, großer Pool in einem von Düften und Blüten überbordenden Garten.

\*\*\* **Dom Pedro Garajau**, Sítio da Quinta, Caniço, Tel. 2 91 93 44 21, Fax 2 91 93 44 54. Das angenehme Mittelklassehotel bietet seinen Gästen viele Freizeitaktivitäten wie etwa Bogenschießen und Boule sowie einen großen Innen- und Außenpool-Bereich.

\*\*\* **Inn & Art**, R 61/62, Caniço de Baixo, Tel. 2 91 93 82 00, Fax 2 91 93 82 19, Internet:www.innart.com. Das Hotel ist klein, aber fein und überzeugt durch seine angenehme Atmosphäre. Treppen führen zu einer Felsbucht hinunter.

\*\*\* **Lido Galomar**, Caniço de Baixo, Tel. 2 91 93 45 66, Fax 2 91 93 45 55. Modernes Komforthotel unter deutscher Leitung mit Badeanlage. Eigene Tauchbasis.

\*\*\* **Roca Mar**, Caniço de Baixo, Tel. 2 91 93 43 34, Fax 2 91 93 40 44. Hoch über der Felsküste gelegenes Haus mit eigener Badeanlage.

**TOP TIPP** \*\* **Villa Ventura**, Caniço de Baixo, Tel. 2 91 93 46 11, Fax 2 91 93 46 80. Internet: www.villa-ventura.com. Apartments mit Kochgelegenheit in einem hübschen, sehr familiär geführten Haus. Tauchexkursionen und Segeltörns werden angeboten.

**Residencial A Lareira**, Sítio da Vargem, Caniço, Tel. 2 91 93 44 94. Einfache Familienpension am Hauptplatz von Caniço.

### Restaurants

**A Lareira**, Sítio da Vargem, Caniço, Tel. 2 91 93 44 94. Beliebt bei den Einheimischen wegen seiner deftigen Küche – *Espetada* mit viel Knoblauch, *Caldo verde*, *Espada* mit Banane – und der freundlichen Bedienung.

**Cervejaria Alemã**, 1 D, Caniço de Baixo, Tel. 2 91 93 49 15. Deutsche Gemütlichkeit unter atlantischer Sonne.

**Giuseppe Verdi**, Sítio de Livramento, Caniço, Tel. 2 91 93 46 63. Guter Italiener zwischen Caniço und Caniço de Baixo. Frische hauseigene Pasta.

**Inn & Art**, R 61/62, Caniço de Baixo, Tel. 2 91 93 82 00. Sehr gute madeirensische und internationale Küche. Einmal pro Woche gibt es Dinner mit Livemusik – mal Jazz, mal Klassik, mal eine madeirensische Folkloregruppe.

**O Boieiro**, Figueirinhas, Caniço, Tel. 2 91 93 43 32. Madeirensische Spezialitäten, darunter frisch gegrillten Fisch, Scampi und Meeresfrüchte, serviert man den Gästen, die in alten Ochsenschlitten sitzen können.

**O Rústico**, Caniço de Baixo, Tel. 2 91 93 43 16. Die madeirensischen Standardgerichte wie Tomatensuppe

*Tagsüber vertreiben sich die Fischer von Câmara de Lobos die Zeit mit Kartenspielen. Nachts geht es dann mit Booten auf die Jagd nach dem Degenfisch*

mit Zwiebeln oder *Espetada* sind deftig gewürzt und werden auf der Panoramaterrasse serviert. Die deutschen Besitzer vermieten auch Zimmer.

**Origens**, Est. Avelino Pinto 64, Tel. 2 91 93 66 81. Freundliches, modernes Restaurant am östlichen Ortsrand von Caniço de Baixo.

## 7 Câmara de Lobos

*Bunte Fischerboote liegen malerisch auf dunklem Felsenstrand.*

Durch tiefgrüne Bananenpflanzungen führt die Autobahn von Funchal 15 km nach Westen zum Fischerdorf Câmara de Lobos. Die Bucht am Felskap *Cabo Girão* bot bereits den ersten Portugiesen auf Madeira Schutz vor den Launen der See. Als 1420 Zarco hier eine erste Kapelle errichten ließ, lebten in den Gewässern dieser Region noch Mönchsrobben.

Câmara de Lobos gliedert sich in zwei Ortsteile westlich und östlich einer Felszunge. Von der Autobahn kommend, wendet man sich im Zentrum zunächst nach rechts bis zum Hauptplatz mit der Pfarrkirche **São Sebastião.** Das strahlend weiße Gotteshaus stammt aus dem 16. Jh. und wurde in den folgenden Jahrhunderten mehrmals umgebaut. Ganz typisch für Madeira zeigt sich der *Kirchturm* mit seinem hohen, kachelverkleideten Spitzdach. Im barocken *Inneren* sieht man einen kunstvoll geschnitzten und vergoldeten Hauptaltar sowie an den Wänden Azulejo-Bilder.

Draußen auf dem hübschen, fast runden **Largo República** laden mehrere Restaurants und Cafés zum Schlemmen ein – hier dreht sich alles um Fisch, der fangfrisch in den Vitrinen der Restaurants präsentiert wird. Eine schmale Treppe führt vom Platz die Felsen hinunter zu einem schmalen **Kiesstrand**, an dem die Jugend von Câmara de Lobos die Sommerwochenenden verbringt.

*Stets blumengeschmückt präsentiert sich der Altar der Kapelle Nossa Senhora da Conceição*

## Funchal und Umgebung – Câmara de Lobos

*Geruchsintensiv – Streifen vom Katzenhai hängen zum Trocknen in der Sonne*

Zum Hafen geht man vom Zentrum aus nach links durch eine enge Gasse, die an teils sehr schlecht erhaltenen, teils inzwischen renovierten niedrigen Fischerhäusern vorbei bergab führt. Linker Hand steht die kleine Kapelle **Nossa Senhora da Conceição**, deren Gründung auf Zarco zurückgeht. Im 18. und Anfang des 20. Jh. wurde das Gotteshaus gründlich renoviert. Eine Statue der Jungfrau Maria, hier als Schutzheilige der Fischer verehrt, ziert den aufs Reichste mit Schnörkeln, gedrechselten Säulen und viel Gold geschmückten Hauptaltar.

Hauptattraktion von Câmara de Lobos ist der **Hafen**. Auf dem dunklen Sand liegen malerisch die bunten Holzboote, und immer sitzen einige Männer auf ihnen zusammen, um einen Schwatz zu halten oder Karten zu spielen. Die Fischer arbeiten fast alle nachts, denn nur dann steigt der *Espada preta*, der Degenfisch, aus seinem Lebensraum in über 800 m Meerestiefe nach oben, um Nahrung zu suchen, und kann gefangen werden. Im Sommer zieht intensiver Fischgeruch über den Hafen: Dann werden auf Holzgestellen Katzenhaie in der Sonne getrocknet. Nach etwa sechs Wochen wird der gedörrte *Gata* in den Restaurants als Spezialität serviert.

In der kleinen **Werft** neben dem Hafen werden auch heute *Holzkutter* auf traditionelle Weise gebaut: Kaum ein Metallstück oder elektrisches Arbeitsgerät kommt hier zum Einsatz. Zwei, drei Männer sägen Kiel und Spanten zurecht, verschalen das Gerüst, hämmern an den Aufbauten. Es kann bis zu zwei Jahre dauern, bis das Schiff zum Auslaufen bereit ist. Hier wurde übrigens auch die Rekonstruktion des Kolumbusschiffes Santa Maria für die EXPO 1998 in Lissabon gefertigt, worauf die Leute von Câmara sehr stolz sind.

An der Ostseite der Bucht führt ein Weg hinauf zu einem der berühmtesten Plätze Madeiras: Eine Gedenktafel an einem Restaurant- und Wohnhaus erinnert daran, dass hier **Sir Winston Churchill** zu sitzen und zu malen pflegte. Der britische Staatsmann hielt sich im Januar 1950 auf Madeira auf und wohnte im Reid's. Nach Câmara kam er zum Malen und wurde dabei von dem Fotografen Perestrello abgelichtet. Diese Schwarzweiß-Aufnahme ist vorübergehend in der Fotogalerie am Cabo Girão [s. S. 52] ausgestellt.

### Praktische Hinweise
**Öffentliche Verkehrsmittel**
Bus Nr. 1, 4, 6, 7 etc. von Funchal aus

**Einkaufen**
**Henriques & Henriques**, Sítio de Belem, Tel. 2 91 94 15 51. Dieser moderne Weinkeller besitzt zwar nicht den altehrwürdigen Charme der Konkurrenzfirma der Familie Blandy, der San Francisco Wine Lodge [s. S. 27], lohnt aber wegen der guten Tropfen durchaus einen Besuch zur Verkostung. Von Funchal aus kann man einen Ausflug dorthin in einem offenen roten Doppeldeckerbus buchen.

**Restaurants**
**Churchill Restaurante**, Rua João Gonçalvez 39, Tel. 2 91 94 14 57. Im sympathischen Restaurant des ›Churchill-Hauses‹ über dem Hafen kann man sich mit *Lapas*, Degenfisch und Steaks kulinarisch verwöhnen lassen. Gehobene Preise.

**Churrascaria O Lagar**, Estr. João G. Zarco 486, Tel. 2 91 94 18 65. Das Restaurant hoch über dem Ort, das von Einheimischen frequentiert wird, ist spezialisiert auf Fleisch und Fisch vom Grill. *Espetada* und *Espada preta* sind fast immer auf der Karte zu finden, außerdem verschiedene Steak-Gerichte.

**Riba-Mar**, Largo República, Tel. 2 91 94 21 13. Das freundliche,

# Câmara de Lobos/Estreito de Câmara de Lobos

*Das Angebot variiert mit der Jahreszeit – doch immer wird auf dem Markt von Estreito de Câmara de Lobos eine schier unendliche Fülle von Obst und Gemüse angeboten*

1947 gegründete Fischrestaurant mit angenehmer Panorama-Terrasse serviert Spezialitäten aus den Tiefen des Meeres, vor allem natürlich *Espada*, aber auch Thunfisch, *Bacalhau* und Fischsuppe.

## 8 Estreito de Câmara de Lobos

*Sonntags findet hier einer der lebhaftesten Märkte Madeiras statt.*

Die Schwestersiedlung von Câmara de Lobos liegt zwischen Terrassenfeldern, auf denen Bananen und Weinreben wachsen, in 350–500 m Höhe über dem Meer. Estreitos Attraktion ist der lebhafte **Markt,** der sonntags in der schmalen Straße, die vom Hauptplatz bergan führt, abgehalten wird. Hier haben Obst- und Gemüseverkäufer ihre Stände aufgebaut, und im kühlen Schatten der Markthalle zur Linken türmen sich noch mehr Früchte. Eine eigene Abteilung ist den Fischverkäufern vorbehalten. Mit martialischen Messern zerteilen sie Thun- oder Degenfisch. Der sonst eher verschlafen wirkende Ort verwandelt sich an diesem Tag in ein liebenswertes Chaos, durch das die Einheimischen im besten Sonntagsstaat promenieren.

Berühmt ist Estreito auch für die hervorragende **Canina-Traube**, die an seinen Hängen gedeiht und beim Keltern des Madeira-Weins verwendet wird. Im September wird der Beginn der Traubenlese enthusiastisch gefeiert, Folkloregruppen aus allen Teilen Madeiras treten auf, in den Straßen wird der Rindfleischspieß *Espetada* gegrillt und selbstverständlich wird immer ordentlich dem Alkohol zugesprochen. Von der Qualität des Weins und der Espetada können sich Gäste jederzeit überzeugen – und zwar in den berühmten Restaurants von Estreito.

### *Ausflug*

Von Estreito auf der Hauptstraße nach Westen in Richtung Ribeira Brava zweigt nach etwa 4 km eine Stichstraße zum Aussichtspunkt auf dem **Cabo Girão** ab. 580 m hoch ragt die steile Klippe aus dem Meer, sie gilt als die höchste Europas. Von der mit einem Geländer gesicherten Plattform blickt man hinunter auf einen nicht zugänglichen, handtuchbreiten Kiesstrand. Sogar hier, an diesem schwindelerregenden Hang, haben die Bauern winzige Terrassenfelder angelegt, auf denen sie Bananen und etwas Gemüse ziehen und zu denen sie sich mit Seilen herunterlassen. Zwischen den Feldern wachsen Agaven, deren gelbe Blütenstände wie lange Stangen in den Himmel ragen.

An den Souvenirständen am Aussichtspunkt kann man Strick- und Korbwaren sowie Stickarbeiten erwerben. Ein

**Funchal und Umgebung** – Estreito de Câmara de Lobos/Curral das Freiras

*Schwindel erregender Blick von Europas höchster Klippe – die mit Bananen und Gemüse bepflanzten Felder unterhalb des Cabo Girão reichen bis ans Meer*

kleines **Informationsbüro** mit Café wurde in eine provisorische **Fotogalerie** (tgl. 9–18 Uhr) umgewandelt. Hier sind die berühmtesten historischen Fotografien aus der Sammlung des Museu Vicentes [s. S. 27] ausgestellt: Winston Churchill beim Malen oberhalb von Câmara de Lobos, Georges Bernard Shaw beim Tanzkurs im Reid's, Kaiserin Elisabeth von Österreich in der Quinta Viglia – kurzum, die Ausstellung ist ein Kaleidoskop der exklusiven Tourismusgeschichte auf Madeira.

### Praktische Hinweise

**Öffentliche Verkehrsmittel**

Bus Nr. 1, 4, 6, 7 etc. von Funchal aus. Cabo Girão: Bus Nr. 154 ebenfalls von Funchal

**Restaurants**

**As Vides**, Igreja, Estreito de Câmara de Lobos, Tel. 2 91 94 53 22. Das Lokal rühmt sich, Madeiras ältestes *Espetada*-Restaurant zu sein.

**Santo António**, Sítio da Quinta de Santo António, Estreito de Câmara de Lobos, Tel. 2 91 94 54 39. Das unterhalb des Hauptplatzes gelegene, bei Einheimischen äußerst beliebte Restaurant offeriert als Spezialitäten z. B. *Espetada* und *Bacalhau*.

## 9 Curral das Freiras

*Ein Abstecher zum einstigen Zufluchtsort der Nonnen.*

Folgt man dem Weg von Funchal zum Pico dos Barcelos, geht es in steilen Kehren und Kurven bergauf in Richtung Eira do Serrado und Curral das Freiras. Hinter dem Pico dos Barcelos wird die Besiedlung spärlicher, am Straßenrand wuchern blaue und weiße Hortensien, und schon bald findet man sich in einem aromatisch duftenden *Eukalyptuswald* wieder. Unterwegs passiert man das sehr einfache, aber unbedingt empfehlenswerte Restaurant **Parada dos Eucaliptos** (s. u.). Auf einer Strecke von nur 11,5 km überwindet die Straße 1000 Höhenmeter, bei **Eira do Serrado** ist mit 1050 m der höchste Punkt erreicht. Vom Parkplatz spaziert man um einen Bergsporn und steht in wirklich grandioser Aussichtsposition über dem tief unten liegenden Curral das Freiras. Wer gerne wandert, kann von Eira do Serrado auf einem alten Saumpfad in ca. 1–1,5 Std. durch Kastanien- und Eukalyptuswälder ins Tal absteigen.

Nach dem Pass senkt sich die Straße nicht weniger waghalsig wieder hinunter ins Tal und kommt in dem abgelegenen Ort **Curral das Freiras** auf 500 m Mee-

## Curral das Freiras

reshöhe an. Die Siedlung zwischen hoch aufragenden Steilwänden mit dem eigenwilligen Namen ›Stall der Nonnen‹ diente den Ordensschwestern des Convento Santa Clara in Funchal [s. S. 25] Mitte des 16. Jh. in den Zeiten der häufigen Piratenüberfälle als Zufluchtsort. Das Land im Talkessel, der bis 1959 nur über schmale Fußwege erreichbar war, hatte der Sohn Zarcos, João Gonçalves da Câmara, Ende des 15. Jh. den Nonnen geschenkt. Durch Grundbesitz zu Reichtum gekommen, zählte der Orden schon bald zu den mächtigsten der Insel und engagierte sich besonders im Weinhandel. Der Rückzug der Nonnen in den ›Curral‹ markierte den Beginn einer ständigen Besiedlung des Tals. Eine erste Kapelle wurde im 19. Jh. durch die Kirche *Nossa Senhora do Livramento* ersetzt, die im Inneren mit blau-weißen Azulejos und illusionistischen Deckengemälden geschmückt ist. Um das Gotteshaus herum gruppieren sich heute zahlreiche Cafés und Souvenirläden. Die Siedlung ist eines der beliebtesten Ausflugsziele auf der ganzen Insel – zum einen wegen ihrer spektakulären landschaftlichen Lage, zum anderen wegen der vielen aus Esskastanien hergestellten Köstlichkeiten: Es gibt Kastaniensirup, -likör und -kuchen zu kaufen.

*Eingerahmt von majestätischen Bergen wirkt Curral das Freiras wie eine Miniaturwelt*

### Praktische Hinweise

**Öffentliche Verkehrsmittel**

Bus Nr. 81 von Funchal aus

**Restaurants**

**Nun's Valley**, Curral das Freiras, im Zentrum neben der Kirche, Tel. 2 91 71 21 77. Hier dreht sich alles um die Kastanie; den Likör kann man im Restaurant verkosten oder in Flaschen abgefüllt kaufen. Köstlich sind die selbstgebackenen Kastanien-, Kokos- und Madeirawein-Kuchen!

**Parada dos Eucaliptos**, an der Straße nach Curral das Freiras, Tel. 2 91 77 68 88. Hier werden die *Espetadas* noch auf Lorbeerspießen gegrillt. Sie schmecken dank der frischen Bergluft und des aromatischen Feuerholzes wirklich hervorragend, ebenso wie das noch ofenwarme Brot *Bolo de caco*.

*Hausgemachte Spezialitäten aus Kastanien und wild wachsenden Früchten – das Restaurant Nun's Valley verkauft leckere Liköre und köstliche Kuchen*

# Nach Westen – weiße Dörfer zwischen Bananenstauden und Weinreben

Steil steigen die Berge entlang Madeiras Westküste aus dem Meer empor. An den Flussmündungen durchbrechen kleine Buchten den Felsriegel und setzen sich in tiefen Schluchten landeinwärts fort. Die wenigen Kilometer Luftlinie zwischen den Orten **Ribeira Brava**, **Ponta do Sol** und **Calheta** erfordern ein Vielfaches an tatsächlicher Fahrtstrecke, weil die Küstenmagistrale in stetem Auf und Ab zwischen Meeresniveau und bis über 500 m Höhe die Schründe der Ribeiras umgeht. Trotz der gebirgigen Oberflächengestalt sind Buchten und Hänge dicht besiedelt und werden intensiv landwirtschaftlich genutzt. Rote Ziegeldächer und pyramidenförmige Kirchtürme stechen aus dem tiefen Grün der terrassierten Felder, auf denen Bananen oder Trauben heranreifen. Unübersehbar sind die Spuren des **Zuckerrohranbaus**: Alte, inzwischen meist stillgelegte Zuckerrohrfabriken sieht man in fast jeder Siedlung entlang der Route. Schmale Gebirgsstraßen führen von der Küste hinauf ins Reich der Zackengipfel und der Hochmoore.

## 10 Ribeira Brava

*Ein besinnliches Plätzchen an der Mündung des ›Wilden Flusses‹.*

Von Funchal gelangt man über die Autobahn auf schnellstem und bequemstem Weg in das 31 km entfernte Ribeira Brava. Vom Autobahnende sind es 2 km durch das tief eingeschnittene, schmale Tal der gleichnamigen Ribeira hinunter in den Ort. Ribeira Brava (6500 Einw.) zieht sich vom Meer entlang dem schmalen Flusstal ins Inselinnere. Die Bergrücken beidseits der Ribeira sind zu winzigen *Feldern* terrassiert, auf denen Obstbäume und Bananenstauden gezogen werden. So geben sie eine prächtige Kulisse für den schmucken Ort ab, dessen Südende parallel zum flachen Kiesstrand von der hübsch gestalteten Uferpromenade, der **Avenida Luis Mendes**, begrenzt wird. Hier gibt es (gebührenpflichtige) Parkplätze, hier laden nette Straßencafés zur Rast, hier warten Taxis und Linienbusse auf Fahrgäste für einen Ausflug ins Inselinnere.

Den lebhaften Mittelpunkt des Ortes bildet der mit modernen *Azulejos* geschmückte, überdachte **Mercado**, in dem sich in den Vormittagsstunden Händler und Kunden drängen. Auf den Kachelbildern sieht man typische Marktszenen mit Fischverkäufern, Obsthändlern oder

*Touristen willkommen – die meisten Madeirenser lachen offen in die Kamera*

**Oben:** *Grenzenlos fruchtbar präsentiert sich die Landschaft an Madeiras Südwestküste*

**Unten:** *Ausgerechnet Bananen! Die Bauern pflanzen sie in niedrigen Lagen an*

## Nach Westen – Ribeira Brava

*Nur kein Neid – Ribeira Bravas Stadtväter residieren in einer schönen alten Quinta*

Uferpromenade an einem Felssporn über dem winzigen Bootshafen von Ribeira. Man erreicht ihn durch einen in den Fels geschlagenen *Tunnel*. Im 17./18. Jh. sorgten der Wachtturm und die Festung dafür, dass die Piraten kein allzu leichtes Spiel hatten.

Ribeira Brava war schon immer ein bedeutender Verkehrsknotenpunkt. Von hier aus gingen einst die Saumpfade über den Encumeada-Pass an die Nordküste. Heute führt eine serpentinenreiche Straße hinauf in die Gebirgswelt und dann wieder hinunter nach São Vicente [s. S. 70].

Dass die Siedlung bedeutend und durch den Zuckerrohranbau offensichtlich auch recht wohlhabend war, belegt nicht zuletzt der großzügig konzipierte und mit hübschem Flusskieselmuster belegte Kirchplatz, auf dem sich

> **TOP TIPP** **São Bento** erhebt. Das im 16. Jh. erbaute Gotteshaus zeigt sich zugleich zierlich und beherrschend im klassisch-madeirensischen Sakralstil mit weißer Fassade und grauschwarzen Basaltsteineinfassungen an Fenstern und Türen. Der *Kirchturm* wird von einer kachelgeschmückten Spitze mit blau-weißem Schachbrettmuster bekrönt. Im **Inneren** kann man sich am Anblick der

Bauern. Die Touristeninformation residiert sehr malerisch im **Forte São Bento**, einem alten Wachtturm, den man besteigen kann. Ein weiterer, in seinen Dimensionen beeindruckenderer **Festungsbau**, heute Ruine, erhebt sich im Osten der

*Bewundernswerte Helldunkelkontraste zum Hir kucken – ein architektonisches Schmuckstück ist die Pfarrkirche São Bento am ›Wilden Fluß‹*

Ribeira Brava

*Nicht unbedingt ein sanftes Ruhekissen – doch Wasserratten und Sonnenanbeter lassen sich von den großen Kieselsteinen des Strandes von Ribeira Brava keineswegs abschrecken*

schönen alten *Azulejo-Verkleidungen* an den Wänden und der barocken Altäre erfreuen. Als besonders wertvoll gelten das manuelinische *Taufbecken* vom Beginn des 16. Jh. und die aus derselben Zeit stammende *Kanzel* – beide sind Geschenke König Manuels I. an Ribeira.

Zeugnisse der intensiven Handelsbeziehungen zwischen Madeira und Antwerpen [s. S. 12] sind die *Werke flämischer Meister* an den Wänden, darunter die ›Anbetung des Christuskindes‹ und die Marienstatue ›Virgem do Rósario‹. Ein weiteres flämisches Meisterwerk, das ›Triptico da Ribeira Brava‹ von Rogier van der Weyden, ist heute im Museu de Arte Sacra von Funchal [s. S. 23] zu besichtigen.

Links vom Altar führt eine Seitentür zur *Schatzkammer*. Hinter schmiedeeisernen Gittern werden Messgeschirr, Heiligenstatuen und aufwendig bestickte Talare aufbewahrt.

Zwischen Kirche und Uferpromenade lässt es sich schön durch die ruhigen Gassen bummeln. Einstöckige weiße Häuser mit schmiedeeisernen Balkonen säumen die Straßen, Geranien grüßen mit strahlender Farbenpracht von den Fenstersimsen. Souvenirgeschäfte, Reisebüros und Restaurants zeugen von der zunehmenden touristischen Attraktivität Ribeira Bravas. Hinter Kirche und Pfarrhaus ver-läuft die *Rua Visconde da Ribeira Brava*. Es sind nur wenige Schritte in nördlicher Richtung, bis man auf dieser Straße den fast tropisch anmutenden Garten der **Câmara Municipal** (Rathaus) erreicht, den Baumfarn, Dattelpalmen, Jacaranden, Magnolien und Platanen in eine schattige Oase verwandeln. Die Stadtverwaltung hätte sich keinen hübscheren Ort als Sitz wählen können als diese von sattem Grün umwucherte Quinta vom Ende des 18. Jh.

Weiter nördlich gelangt man über die schmale *Rua de São Francisco* zum **Museu Etnográfico da Madeira** (Ethnologisches Museum, Di–So 10–12.30 und 14–18 Uhr) mit einer sorgfältig zusammengestellten Sammlung alter Trachten, landwirtschaftlicher Geräte und Haushaltsgegenstände.

> **TOP TIPP**

Die einstige Quinta aus dem 17. Jh. diente lange Jahre als Zucker- und Getreidemühle und als Destillerie für Zuckerschnaps. Ende des 19. Jh. wurde der Betrieb aufgegeben, das Anwesen verfiel, bis es 1996 als Museum restauriert und der Öffentlichkeit zugänglich gemacht wurde. Hier werden neben Literatur zum Thema auch Erzeugnisse des madeirensischen Kunsthandwerks verkauft, darunter die weichen Lederstiefel, Schnitzarbeiten und Töpferwaren.

**Nach Westen** – Ribeira Brava/Ponta do Sol und Madalena do Mar

**Praktische Hinweise**

**Information:** Touristenbüro im Wachtturm, Tel. 2 91 95 16 75, Mo–Fr 9–12 und 14–17 Uhr

**Öffentliche Verkehrsmittel**
Bus Nr. 4, 6, 7, 107, 139 von Funchal aus

**Hotels**
\*\*\* **Brava Mar**, Ribeira Brava, Tel. 2 91 95 22 20, Fax 2 91 95 22 24. Modernes Mittelklassehotel mit gutem Komfort.

\*\* **Vale Mar**, Sítio do Muro, Ribeira Brava, Tel. 2 91 95 25 63, Fax 2 91 95 11 66. Apartmentanlage am nördlichen Ortsrand gegenüber dem Fußballplatz.

**Restaurant**
**Churrascaria O Pátio**, Rua de São Bento 35, Tel. 2 91 95 18 67. Das Lokal bietet neben *Espetada* oder Steaks auch gute Fischspezialitäten.

## 11 Ponta do Sol und Madalena do Mar

*Durch Tunnels und Wasserfälle zu einsamen Bauern- und Fischerdörfern.*

Knapp 4 km sind es auf der Uferstraße ER 227 von Ribeira Brava nach Ponta do Sol. Es ist eine spektakuläre, dem Ufersaum folgende Strecke, die immer wieder durch Tunnels führt, über und neben denen kleine Wasserfälle ins Meer stürzen.

**Ponta do Sol**, ›Sonnenspitze‹, ist ein freundliches Dorf, dessen Uferpromenade ein moderner Hotelbau dominiert. Die Kirche **Nossa Senhora da Luz** (Unsere Liebe Frau des Lichts), welche die dicht aneinandergedrängten Häuser überragt, stammt aus dem 15. Jh. und zählt damit zu den ältesten Sakralbauten Madeiras. Außer der geschnitzten, bemalten *Holzdecke* im Mudéjar-Stil ist aus dieser Epoche aber nichts erhalten, da das Gotteshaus im 18. Jh. barockisiert wurde. Damals wurde auch der Altarraum mit blau-weiß-gelben *Azulejos* ausgelegt, die bis unter die Decke reichen. Tief verehrt wird die silberne *Marienstatue* im Allerheiligsten, die beim großen Festtag der Kirche am 8. September in feierlicher Prozession durch den Ort getragen wird. Auch hier steht ein von König Manuel I. gestiftetes *Taufbecken*, das mit grünen Kacheln verkleidet ist.

Der Ort war früher ein bedeutendes Zentrum des Zuckerrohranbaus, heute überziehen Bananenstauden die Hänge beidseits der Ribeira da Ponta do Sol. Noch aus den ›Zuckerzeiten‹ stammt die **Quinta de João Esmeraldo**. Der gebürtige Flame, auf den das Haus zurückgeht, zählte im 15. Jh. zu den reichsten Männern der Insel und hatte in seinem Fun-

*An der ›Sonnenspitze‹ – das hübsche Städtchen Ponta do Sol ist ein beliebtes Ausflugsziel*

# Ponta do Sol und Madalena do Mar, Arco de Calheta

*Manuel I. ließ sich nicht lumpen. Er spendierte Ponta do Sol ein schönes Taufbecken*

chaler Stadthaus [s. S. 23] Kolumbus zu Gast. Was liegt da näher, als anzunehmen, dass der Entdecker auch in Esmeraldos Quinta in Ponta do Sol weilte! Legende oder Realität – das Herrenhaus wurde jedenfalls sorgfältig renoviert und ist – Kolumbus sei Dank – ein wichtiger historischer Anziehungspunkt des Ortes. Die Quinta liegt 1 km landeinwärts oberhalb vom Zentrum im Ortsteil Lombada und dient heute als Schule. In der meist geschlossenen *Capela de Santo Amaro* gegenüber dem Herrenhaus wurde Esmeraldo bestattet.

Noch ein anderer berühmter Name soll dem verschlafenen Städtchen Attraktivität verleihen: Im jetzigen Rathaus wohnte im 19. Jh. der Großvater des amerikanischen Schriftstellers **John dos Passos** (1896–1970), bevor er, der Insel überdrüssig, nach Amerika auswanderte. Eine Gedenktafel erinnert an den berühmten Enkelsohn, der Ponta do Sol u. a. im Jahr 1960 besucht hat, von Madeira aber offensichtlich einen sehr zwiespältigen Eindruck bekam: Die Insel sei »ein Paradies, aber auch ein Gefängnis«, schrieb der Autor von ›Manhattan Transfer‹ in einem Artikel.

Wieder durch Tunnels und am Meer entlang schlängelt sich die Straße ins 6,5 km entfernte **Madalena do Mar**, einen ebenso hübschen wie unspektakulären Ort. Madalenas Geschichte ist mit der sagenumwobenen Gestalt *Henrique Alemãos* verbunden, der im 15. Jh. nach Madeira kam und hier von Zarco großzügige Landschenkungen erhielt. Sein Inkognito konnte bis heute nicht gelüftet werden, aber in Madalena ist man sicher, dass der große Unbekannte niemand anderer war als der polnische *König Ladislaus III.* Der prominente Exilant kam in seinem Boot unterhalb des Cabo Girão ums Leben, erschlagen von einem herabstürzenden Felsen. Er und seine Gattin sollen in der *Pfarrkirche* von Madalena do Mar beigesetzt sein. Das 1471 errichtete, von Palmen umstandene Gotteshaus mit seinem wuchtigen Turm ist innen im Barockstil ausgestaltet und mit blau-weißen Azulejos ausgestaltet.

## *Ausflug*

Sowohl von Ponta do Sol als auch von Madalena do Mar kann man auf einer schmalen Straße ins Inselinnere fahren. Letzte Siedlung, bevor es in die Waldlandschaft der höheren Lagen hinaufgeht, ist **Arco de Calheta**, von wo der Blick über die schmale Bucht von Madalena do Mar hinaus aufs Meer reicht. Se-

*So lebten einst die Gutsherren – Quinta de João Esmeraldo in Ponta do Sol*

### Nach Westen – Arco de Calheta/Calheta

›Palheiros‹ wie dieser hier bei Arco de Calheta dienen als Unterstand und Kuhstall

henswert dort ist die Kapelle **Nossa Senhora do Loreto** wegen ihres Portals mit manuelinischen Steinmetzarbeiten und einem blau-weiß bemalten Holzvorbau. Hinter dem Ort schlängelt sich die Straße Nr. 209 in engen Kehren durch aromatisch duftenden Wald. Nach etwa 20 Min. Fahrt (10 km) gelangt man zur Hochebene *Paúl da Serra* [Nr. 33].

*Funchals Kathedrale Sé stand hier Pate – Mudéjar-Decke in der Kirche von Calheta*

### Praktische Hinweise

**Öffentliche Verkehrsmittel**

Bus Nr. 4 von Funchal aus (ca. 4-mal tgl., etwa 2 Std. Fahrzeit).

**Hotel**

**\*\*\*\* Baia do Sol**, Rua Dr. J. A. Teixera, Tel. 2 91 97 01 40, Fax 2 91 97 01 49, Internet: www.enotel.com. Komforthotel an der Uferpromenade, Indoor-Pool, Sonnenterrasse, Kiesstrand.

**\*\*\*\* Estalagem da Ponta do Sol**, Quinta Rochinha, Tel. 2 91 97 02 00, Fax 2 91 97 02 09, Internet: www.pontadosol.com. Altes Herrenhaus auf einem Felssporn östlich der Uferpromenade.

**Restaurant**

**Sol Poente**, Cais da Ponta do Sol, Tel. 2 91 97 35 79. Das sympathische Lokal liegt hübsch auf einem Felsvorsprung über dem Meer und serviert eine große Auswahl an Fischspezialitäten, darunter *Bacalhau na brasa*, *Lapas*, *Espada*-Filet und Thunfisch mit *Milho frito*.

### 12 Calheta

*Der bedeutendste Ort der Westküste liegt in einer der fruchtbarsten Regionen Madeiras.*

Wie so viele Siedlungen an der Südwestküste ist Calheta, das man auf der Uferstraße von Madalena do Mar nach 6,5 km

# Calheta

*Zuckerrohranbau und Zuckerrohrverarbeitung – früher eine Quelle von Madeiras Wohlstand, heute leider kaum noch rentabel*

erreicht, eng mit dem Namen Zarco verbunden. Der Inselentdecker und Kolonisator hatte seinen Kindern große Ländereien in dieser Region vermacht. Zuckerrohr sorgte lange für den Wohlstand der Grundbesitzer und noch heute gibt es in Calheta eine **Zuckerfabrik**, die Rum und Melasse produziert. Arbeitsgeräte aus aufgelassenen Zuckerrohrdestillerien wurden am Ortseingang zu einem **Freiluftmuseum** zusammengetragen, wo sie friedlich in der salzigen Seeluft vor sich hin rosten.

Die Moderne hat in Gestalt eines **Elektrizitätswerks** Einzug gehalten. Mit Wasserkraft wird hier Strom produziert –

*Wie ein archaisches Ungetüm wirken die Maschinen der Zuckerfabrik von Calheta. Hier wird der höllisch scharfe Schnaps ›Aguardente‹ hergestellt*

## Nach Westen – Calheta

*Grün gebettet – inmitten von Obstgärten liegt der hübsche Ort Prazeres*

60 % der madeirensischen Energie stammen aus den vier Wasserkraftwerken, 38 % werden kostspielig und umweltbelastend aus Erdöl gewonnen. Nur 2 % liefern bislang die Windräder, die man besonders auf der Hochebene Paúl da Serra sieht. Es scheint eine Laune des Schicksals zu sein, dass ausgerechnet Calheta, wo die wasserreiche *Ribeira do S. Bartolomeu* ins Meer mündet, ideale Bedingungen als Standort für das E-Werk bietet, denn der Ort besitzt als einer der wenigen Madeiras einen Kiesstrand, der zum Baden einlädt, und würde sich deshalb für eine touristische Erschließung hervorragend eignen.

Unbedingt sehenswert ist die **Kirche** des Ortes. Sie wurde 1430 errichtet und 1639 barockisiert, wobei ihr Prunkstück, die *Holzdecke*, jedoch unverändert blieb. Sie präsentiert sich im Mudéjar-Stil und ähnelt jener der Sé in Funchal [s. S. 22]. Kunstvoll geschnitzte, teils bemalte, teils vergoldete geometrische Holzelemente wurden zu einem Meisterwerk maurischer Dekorationskunst zusammengesetzt. König Manuel I. hat auch der Kirche von Calheta ein Geschenk gemacht: ein *Ebenholztabernakel* mit edlen Silbereinlegearbeiten.

Auch **Estreito da Calheta**, ein in bis zu 400 m Höhe gelegener Ortsteil von Calheta, besitzt mit seiner *Capela dos Reis Magos* (Dreikönigskapelle) ein sakrales Kleinod. Es entstand auf Initiative des reichen Grundbesitzers Francisco de Gouveia, der hier zusammen mit seiner Frau beigesetzt ist, und zeigt sein manuelinisch geprägtes *Inneres* nach einer sorgfältigen Restaurierung wieder in leuchtenden Farben. Über dem Altar hängt ein wertvolles Triptychon aus der flämischen Schule mit der ›Anbetung der Heiligen Drei Könige‹. Leider ist die Kapelle meist verschlossen, und auch die Nachbarn, bei denen man den Schlüssel holen könnte, sind selten anwesend.

*Estreito de Calheta – vom Meer klettert die Siedlung bis auf 400 m Höhe die Hänge hinauf*

*Fest der Nossa Senhora das Neves – tagsüber ziehen die Menschen in blumengeschmückten Prozessionen durch Prazeres, und abends wird dann im Angesicht der Kirche mit Wein und üppigem Essen ausgelassen gefeiert*

## Ausflüge

Von Estreito de Calheta geht es auf noch schmalerer und kurvigerer Straße wenige Kilometer nach Westen hinunter in die Siedlung **Jardim do Mar**, die sich an eine bis zu 300 m hohe Felswand lehnt. Bis Ende der 60er-Jahre des 20. Jh. konnten die Bewohner den Ort nur auf Saumpfaden verlassen. Seit Jardim do Mar durch eine Asphaltstraße an die Segnungen der Zivilisation angeschlossen wurde, ist es aus seinem Dornröschenschlaf erwacht. Das Ortsbild wird von der *Igreja Nossa Senhora do Rosário* beherrscht, die nach dem Vorbild von Notre-Dame in Paris errichtet wurde, allerdings nur einen Turm besitzt. Das Geld für den im Innern unspektakulären Kirchenbau stammte z. T. von Emigranten, die ihrem Heimatdorf finanziell unter die Arme griffen. Von der Kirche geht es durch schmale, blumengeschmückte Gässchen steil hinunter an einen winzigen Strand mit groben Kieseln.

Bis vor kurzem musste man über eine halsbrecherische Serpentinenstraße zunächst hinauf nach Prazeres und wieder hinunter ans Meer, um ins Nachbardorf **Paúl do Mar** zu gelangen. Heute erleichtert ein Tunnel die Fahrt. Der ehemals verlassene Ort hat sich zu einem hübschen Seebad gemausert. Hotels säumen den schmalen Kiesstrand. Hoch darüber thront **Prazeres** auf seinem Plateau mit Blick auf den Atlantik. Inmitten von Obstgärten stehen schmucke Häuser um die Pfarrkirche. Im empfehlenswerten Restaurante *O Parque* [s. S. 65] kann man sich stärken, bevor man zu einer der vielen schönen Wanderungen hier im Westen aufbricht.

*Vorsicht Brummschädel – Zuckerrohrschnaps aus heimischer Produktion*

## Nach Westen – Calheta

*Ein Ereignis, das man sich nicht entgehen lassen sollte – beim Zuckerfest in Calheta zeigen die Bewohner ihre traditionellen Trachten und Tänze*

### Praktische Hinweise

#### Öffentliche Verkehrsmittel
Einmal tgl. am Morgen fährt Bus Nr. 107 von Funchal aus (wochentags auch abends), Fahrzeit 3,5 Std. bis Estreito de Calheta

#### Einkaufen
**Zuckerfabrik**, Calheta, Tel. 2 91 82 21 18. Neben Zuckerrohrschnaps, der hier Aguardente heißt, und Hauptzutat des beliebten Poncha ist, wird im fabrikeigenen Laden auch köstlicher Honig verkauft.

*Ein gigantisches Bündel voller Süßigkeit stemmt dieser Zuckerproduzent*

### Hotels
\*\*\* **Atrio**, Lombo des Moinhos Acima, Est. da Calheta, Tel. 2 91 82 04 00, Internet: www.atrio-madeira.com. Ideales Hotel für sportliche Individualisten: die Besitzer organisieren nach Wunsch Surfen, Paragliding und geführte Wandertouren. Danach gibt's Yoga-Stunden zur Entspannung.

**TOP TIPP** \*\*\* **Jardim do Atlântico**, Lombo da Rocha, Prazeres, Calheta, Tel. 2 91 82 02 20, Fax 2 91 82 02 21. Eine Abzweigung von der Straße Prazeres – Ponta do Pargo führt zu dem in 400 m Höhe gelegenen Komforthotel mit Bungalows oder Appartements inmitten eines üppigen Gartens. Dort kann man die hervorragende – auch vegetarische – Küche genießen, sich mit Aromatherapie und Massagen verwöhnen lassen oder eine der vielen angenehmen Wanderungen unternehmen, die das Hotel für seine Gäste zusammengestellt hat.

**Quinta das Vinhas**, Estreito da Calheta, Tel. 2 91 82 00 40, Fax 2 91 82 21 87. Inmitten von Weingärten liegt dieses ehrwürdige, stilvoll restaurierte Herrenhaus, das mit alten Möbeln und sehr viel Geschmack in ein wahres Schmuckkästchen verwandelt wurde.

### Restaurants
**Costa Verde**, Calheta, Achada S. Antão, Tel. 2 91 82 34 22. Berühmt für seine hervorragende *Espetada*.

**Marsqueira do Camarão**, an der Straße nach Madalena do Mar, Tel. 2 91 82 43 79. Einfaches Restaurant mit Snacks wie Schinken-Käse-Toast und einigen Hauptgerichten.

**O Parque**, Estacada, Prazeres, Tel. 2 91 82 30 21. In diesem leider sehr kühl eingerichteten und wenig Atmosphäre verbreitenden Lokal gibt es die besten *Espetadas* weit und breit!

**Onda Azul,** Vila, Calheta, Tel. 2 91 82 32 30. Strandrestaurant mit hübscher Terrasse.

**TOP TIPP** **Tar Mar**, Sítio da Pietade, Jardim do Mar, Tel. 2 91 82 32 07. Das Restaurant kann man vom Hauptplatz nur zu Fuß erreichen. Es liegt am Ende einer schmalen Gasse hoch über dem Meer und ist besonders bei Einheimischen wegen seiner sehr guten regionalen Küche berühmt. Fisch und Meeresfrüchte sind fangfrisch und werden delikat zubereitet.

## 13 Ponta do Pargo

*Am westlichsten Punkt Madeiras.*

Gute Nerven und viel Zeit braucht der Reisende auf der kurvenreichen Straße von Calheta zur Ponta do Pargo: Für die 21,5 km auf der ER 101 ist er ca. 1 Std. unterwegs! Weitgehend ohne größere Steigungen und Gefälle, aber über enge Serpentinen folgt die Route dem Südrand des *Parque National da Madeira*, des Nationalparks von Madeira, bis sie den Wald verlässt, um zur 375 m über dem Meer thronenden Ponta do Pargo zu gelangen. Ein Leuchtturm schickt sein Feuer vom westlichsten Punkt Madeiras hinaus auf den Atlantik, und der Blick reicht über die Westküste mit ihrem steilen Felsensaum.

Auf der nach wie vor malerisch und kurvig verlaufenden ER 101 kommt man nach weiteren 20 km nach Porto Moniz an der Nordküste [Nr. 14].

### Praktische Hinweise

**Öffentliche Verkehrsmittel**

Bus Nr. 107 von Funchal aus (1-mal tgl. morgens, wochentags auch abends) Fahrzeit 4 Std., Rückfahrt 2 Std. nach Ankunft

**Restaurant**

**A Carreta**, Lombada Velha, Ponta do Pargo, Tel. 2 91 88 21 63. Das freundliche Restaurant ist berühmt für seine Fischküche und sein *Frango assado*, Hähnchen vom Grill.

*Als tauche die rote Signalspitze plötzlich aus dem Asphalt auf – an der Ponta do Pargo weist der rot-weiße Leuchtturm Schiffen den sicheren Weg um die Insel*

# Die Nordküste – Wasserfälle und Meer

Von der Ponta do Pargo im äußersten Westen bis zum östlichen Zipfel an der *Ponta de São Lourenço* zeigt sich Madeira von seiner ungestümen, herben Seite. Entlang der gesamten Nordküste fallen die Berge steil ins Meer ab, nur an wenigen Stellen haben Menschen genügend Platz gefunden, um Siedlungen zu bauen: am Felsvorsprung von **Porto Moniz** mit seinen vom Meer im Laufe der Jahrhunderte geschaffenen Naturschwimmbecken, bei **São Vicente**, wo sich eine Ribeira den Weg zwischen den Hängen gebahnt hat, oder bei **Boaventura** und **São Jorge**, die auf Landzungen über dem Meer thronen. Erst ab **Santana** weichen die Berge etwas zurück. Eine Schwindel erregende in den Fels geschlagene Straße verbindet all diese Orte miteinander. Am schönsten ist sie von Ost nach West zu befahren, denn in der Gegenrichtung müssen deutlich mehr Tunnels passiert werden.

## 14 Porto Moniz

*Ergreifende Kontraste – eine dunkle Felsenzunge, von tiefblauer See umspült.*

Drei Wege führen von Funchal nach Porto Moniz an der Nordwestküste: Der schnellste und bequemste verläuft durchs Inselinnere bis zum Pass Boca da Encumeada, biegt dann links ab, überquert die Paúl da Serra und schlängelt sich schließlich hinunter ans Meer (65 km). Man kann die Siedlung aber auch im Anschluss an die Tour durch den westlichen Teil Madeiras von der Ponta do Pargo [s. S. 65] auf einer serpentinenreichen Straße durch Wald- und Bergland erreichen (20 km ab Ponta do Pargo) oder von Osten kommend auf der sicherlich spektakulärsten Straße Madeiras hoch über dem Meer von São Vicente [s. S. 70] nach Westen fahren (16 km ab São Vicente).

Ganz gleich, auf welchem Weg man sich Porto Moniz nähert, der Blick vom Bergrücken über die rebenbepflanzten Hänge hinunter auf die leuchtend weiße, winzige Siedlung am tobenden Atlantik ist einfach überwältigend. Die belegte Geschichte von Porto Moniz beginnt im Jahr 1533, als der Portugiese **Francisco Moniz** hier Wohnsitz nahm, um seine vom König verliehenen Ländereien zu verwalten. Dass es den Bewohnern dieses Ortes dem stetig pfeifenden Wind zum Trotz gelingt, **Wein** anzubauen, ist symptomatisch für die Beharrlichkeit, mit der Madeiras fruchtbare Böden ungeachtet der Naturunbilden genutzt werden. Die Winzer von Porto Moniz haben hohe Hecken aus Baumheide errichtet, um ih-

*Wo der Atlantik sich so richtig austobt – der Fischerhafen Porto Moniz liegt scheinbar am Ende der Welt*

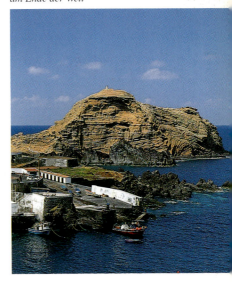

*Vor Wasserfontänen wird gewarnt – Madeiras spektakulärste Straße führt an der Nordküste entlang*

# Die Nordküste – Porto Moniz

*Feuchtfröhlicher Badespaß für Groß und Klein – das Naturschwimmbecken ist im Sommer die Hauptattraktion von Porto Moniz.*

re Trauben zu schützen. Schwer haben es auch heute noch die **Fischer** des Ortes – ihre Boote müssen mit Winden auf den Strand gezogen werden, damit sie nicht in der starken Brandung zerschellen. Die Gewässer sind so fischreich, dass sich die tägliche Mühe lohnt.

Ein weiteres Geschenk der Natur: Die stetige Erosion durch Wind und Wasser hat in Porto Muniz mehrere **Naturschwimmbecken** im Lavagestein geschaffen, in denen man immer wieder von kalten Duschen der atlantischen Brecher übersprüht baden kann – allerdings nur in den Sommermonaten, sonst ist es entschieden zu kalt. Ideal sind die Becken auch für *Schnorchler* – geschützt und sich dennoch wie im offenen Meer fühlend kann man sich hier in der Unterwasserwelt tummeln. Dank der Becken ist Porto Moniz ein beliebtes Ausflugsziel der Madeirenser und ein absolutes Muss bei jeder Rundreise durch Madeira. Wie in jedem Fischerort kann man hier natürlich auch hervorragend Fisch essen.

## Praktische Hinweise

### Öffentliche Verkehrsmittel

Bus Nr. 139 (1-mal tgl.) von Funchal aus über den Pass Boca da Encumeada, Fahrzeit ca. 3 Std.

### Hotels

**Pensão Calhau**, Vila Porto Moniz, Tel. 2 91 85 31 04, Fax 2 91 85 34 43. Die angenehme kleine Familienpension liegt in schönem Ambiente unweit der Naturschwimmbecken auf einem Felssporn. Von den Zimmern zur Seeseite genießt man einen atemberaubenden Blick auf das tief unten brodelnde Meer.

**Residencial Orca**, Sítio das Poças, direkt über den Naturschwimmbecken, Tel. 2 91 85 00 00, Fax 2 91 85 00 19. Moderne Pension mit einem bei Gruppen beliebten Restaurant. Die Zimmer mit Seeblick sind teurer, bieten dafür aber eine schöne Aussicht über Felszunge und Meer.

### Campingplatz

**Vila Porto Moniz**, Tel. 2 91 85 24 47. Dieser größte Campingplatz Madeiras liegt direkt an der viel befahrenen Straße und wirkt deshalb nicht besonders anziehend.

### Restaurant

**Polo Norte**, Sítio das Poças, Tel. 2 91 85 33 22. *Espada preta* und andere Fischspezialitäten sowie die *Espetada* vom Holzkohlengrill schmecken hier ausgezeichnet.

## 15 Ribeira da Janela

*Am längsten Fluss Madeiras.*

Nur 2 km entlang der Steilküste sind es von Porto Moniz bis zum Ort Ribeira da Janela an der Mündung des gleichnamigen Flusses. Die kurze Strecke gibt bereits einen kleinen Vorgeschmack auf die schwindelerregenden Abenteuer, die Fahrer wie Beifahrer auf dem sich anschließenden Teilstück Richtung Osten bis São Vicente erwarten.

Die Ribeira da Janela ist mit ihren 12 km der *längste Wasserlauf* Madeiras. Gespeist von zahllosen Quellen der Paúl da Serra hüpft sie in Wasserfällen über Abhänge und bildet in ihrem Oberlauf eine romantische, in dichten Lorbeerwald gebettete **Kaskaden-** und **Seenlandschaft**, die man von Rabaçal [s. S. 108] aus erwandern kann. In ihrem Mündungsgebiet führt sie solche Wassermassen, dass sie, wie die Ribeira Brava an der Südküste, ein Wasserkraftwerk antreibt.

Der kleine in ca. 200 m Höhe über dem Meer gelegene Ort ist wegen seiner drei vorgelagerten **Felsklippen** ein beliebtes Ausflugsziel: Die Erosion hat eine von ihnen in eine Art Fenster (*janela*) zum Meer verwandelt, dem der Fluss und das Dorf ihre Namen verdanken.

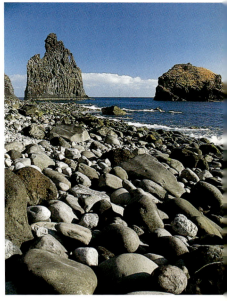

*Felsenfenster zum Horizont – ungewöhnliche Gesteinsformation bei Ribeira da Janela*

## 16 Seixal und Ribeira do Inferno

*Auf kühner Klippenstraße entlang der Nordküste zu Terrassenfeldern, auf denen Madeiras beste Weine wachsen.*

Hinter Ribeira da Janela beginnt auf 8 km die atemberaubende Kurvenfahrt auf der in den Fels geschlagenen Straße bis zum nächsten Ort, Seixal. Immer wieder passiert man auf diesem Streckenabschnitt **Felstunnels**, die innen wie außen von Wasserfällen besprüht werden. Erst um 1950 wurde die nördliche Küstenstraße erbaut – bis dahin ermöglichten lediglich Bergpfade oder Boote die Verbindung zwischen den wenigen Siedlungen. **Seixal**, zwischen Fels und Meer eingeklemmt, ist der Herkunftsort eines der besten Weine Madeiras, des *Sercial*, dessen Trauben erst im November geerntet

*Wild wuchern blaue Hortensien an Madeiras Wanderwegen entlang der Levadas*

## Die Nordküste – Seixal und Ribeira do Inferno/São Vicente

*Das Spiel von Sonne und Wolken zaubert vor allem entlang der Nordküste immer wieder die dramatischsten Stimmungen über Felsen und Meer*

werden. Im ca. 2 km entfernten Tal von *Chão da Ribeira* gibt es eine große Forellenzuchtstation, weshalb man im Restaurant *Brisa Mar* am Hafen *(cais)* von Seixal nicht nur Meeresgetier, sondern auch den schmackhaften Süßwasserfisch genießen kann. Etwa 2 km hinter dem Dorf Seixal kommt man zu einem herrlichen Aussichtspunkt mit atemberaubendem Blick auf die **Ribeira do Inferno**, die hier in den Atlantik mündet. Die tiefe Schlucht, die man weit unten sieht, trägt ihren Namen ›Hölle‹ mit gutem Recht, ist sie doch von dichtem, dunklem Wald bestanden.

### Praktische Hinweise

#### Hotels
*** **Casa das Videiras,** Sítio da Serra Água, Seixal, Tel. 2 91 85 40 20, Fax 2 91 85 40 21. Rustikales, freundlich eingerichtetes Hotel mitten in Seixal mit nur 4 Zimmern.

**Brisa Mar**, Cais, Seixal, Tel. 2 91 85 44 76, Fax 2 91 85 44 77. Freundliche, hübsch eingerichtete Pension direkt am Hafen.

#### Restaurant
**Brisa Mar**, Cais, Seixal, Tel. 2 91 85 44 76. Köstlicher Süßwasser- und Meeresfisch werden hier mit Atlantik-Panorama serviert.

### 17 São Vicente

*Ein Spaziergang durch Hades' Reich.*

Kabriolettfahrer seien gewarnt! Obwohl eine Steigerung kaum denkbar ist, geht's hoch über dem anbrandenden Atlantik durch Tunnels und Wasserfälle – ›Autowaschanlage‹ heißt dieser Teil der Nordküstenstraße, der von Ost nach West befahren besonders spektakulär ist, bei den Madeirensern.

Farn und Efeu wuchern von den Felsvorsprüngen hinab, Wassertropfen glitzern auf den dunkelgrünen Blättern wie Tausende kleiner Brillanten, und wenn sich Sonnenstrahlen in den Wasserfontänen brechen, zaubern sie bunte Regenbogen über die Straße.

Bei São Vicente ziehen sich die Steilhänge ein Stück weit vom Atlantik zurück und öffnen sich zu einem breiten Tal, durch das der **Rio do São Vicente** plätschert. Hier endet die von Funchal in der Norden führende Straße ER 104 über den Pass Boca da Encumeada.

São Vicente wirkt mit seinem geschmackvoll restaurierten **Ortskern**, den weiß gestrichenen einstöckigen Häusern mit üppigem Blumenschmuck an Balkonen und Fenstern richtig idyllisch. Die **Igreja do São Vicente** aus dem 17. Jh. lohnt wegen ihrer üppigen Ausstattung einen Besuch. Schützend blickt der hl. Vicentius vom Deckengemälde hinab auf

# São Vicente

*Aufregend-leuchtendes Höhlenlabyrinth – die Grutas do São Vicente entstanden vor 400 000 Jahren durch einen Vulkanausbruch*

den Kirchenraum, der mit vergoldeten Holzschnitzereien und Azulejos geschmückt ist.

Im **Jardim Botânico** gegenüber der Kirche, geführt mit finanzieller Unterstützung des World Wildlife Fund for Nature, wachsen vor allem in Madeira beheimatete Pflanzen. Im Anfang der 90er-Jahre des 20. Jh. angelegten Park gedeihen neben Lorbeer auch zahlreiche Blütenpflanzen wie der pinkfarbene Madeira-Storchschnabel und der gelb blühende Natternkopf. Hortensien und Agapanthus rahmen die kleine Anlage ein.

An der Mündung des Rio do São Vicente ins Meer, die hier von einer Brücke überspannt wird, lehnt sich die 1692 errichtete **Capela São Roque** an einen spitzzackigen Felsen. Die Fassade des Kapellchens ist mit einem ornamentalen Mosaik aus Flusskieseln geschmückt.

Hauptsehenswürdigkeit von São Vicente sind die ein Stück landeinwärts liegenden **Grutas do São Vicente** (Sommer 9–21, Winter 9–19 Uhr). Sie entführen auf einer Weglänge von 700 m in eine faszinierende unterirdische Lavawelt mit einem bizarren Labyrinth von Gängen. Entstanden sind die Höhlen vor etwa 400 000 Jahren, als ein Vulkanausbruch im Gebiet der Paúl da Serra die glühenden Gesteinsmassen an die Nordküste schleuderte, wo sie erstarrten.

### Praktische Hinweise

**Öffentliche Verkehrsmittel**

Bus Nr. 6 von Funchal aus über den Pass Boca da Encumeada (3-mal tgl.) oder Bus Nr. 139, der weiter bis Porto Moniz fährt (1-mal tgl.)

*Barocker Überschwang charakterisiert die Ausstattung der Pfarrkirche von São Vicente*

**Die Nordküste** – São Vicente/Ponta Delgada und Boaventura

## Hotels

**\*\*\*\* Quinta da Piedade**, Sítio do Laranjal, São Vicente, Tel. 2 91 84 60 42, Fax 2 91 84 60 44. Der Landsitz aus dem 18. Jh. wurde zu einem wunderschönen rustikalen Hotel mit 5 Zimmern und 2 Suiten umgebaut. Das Anwesen ist von einem großen Garten umgeben.

**\*\*\* Estalagem Calamar**, Sítio dos Juncos – Fajã da Areia, São Vicente, Tel. 2 91 84 22 18, Fax 2 91 84 22 50. Haus am Meer mit drei Salzwasserpools, freundlich eingerichteten Zimmern und einem großen Restaurant.

**\*\*\* Estalagem do Mar**, Sítio dos Juncos – Fajã da Areia, São Vicente, Tel. 2 91 84 00 10, Fax 2 91 84 00 19. Am Meer gelegenes Komforthotel mit Meerwasserpool, Hallenbad und Tennisplätzen. Von allen Zimmern Blick aufs Wasser.

## Restaurants

**Frente Mar**, Sítio de Calhau, São Vicente, Tel. 2 91 84 28 71. In dem gemütlichen Lokal verkehren vor allem mittags viele Einheimische. Der Speisesaal liegt im ersten Stock mit Blick aufs Meer. Spezialitäten sind Fisch, aber auch *Espetada* und kleine Snacks.

**O Virgílio**, Sítio de Calhau, São Vicente, Tel. 2 91 84 24 67. Das mit rustikalen Holzbänken eingerichtete Restaurant serviert gute madeirensische Hausmannskost. Fisch und Fleisch sind stets frisch. Das Knoblauchbrot *Bolo de caco* kommt dampfend heiß auf den Tisch.

**Quebra Mar**, Sítio do Calhau, São Vicente, Tel. 2 91 84 23 38. Spezialitäten wie *Lapas*, *Espada* mit Banane und Fischsuppe schmecken in diesem sympathischen kleinen Restaurant besonders gut.

## 18 Ponta Delgada und Boaventura

*Ein Wallfahrtsort und die Heimat der Weidenruten.*

Noch 7 km folgt die 101 von São Vicente der Felsküste, bevor sie sich hinter **Ponta Delgada** wieder vom Meer entfernt. Das Dorf (2000 Einw.) erstreckt sich von einer flachen Landzunge die Hänge hinauf. Wie Porto Moniz besitzt es ein Meerwasserschwimmbecken, in dem sich herrlich baden lässt. Die Anfang des 20. Jh. errichtete Kirche *Senhor Bom Jesus* steht alljährlich am ersten September-Wochenende im Mittelpunkt eines der ältesten und bedeutendsten **Kirchenfeste** Madeiras, zu dem Gläubige von nah und fern pilgern. Mit diesem Ereignis verknüpft ist eine lange Geschichte, die bis ins 16. Jh. zurückreicht: Zum gleichen Zeitpunkt, als man hier eine erste Kapelle erbaute, schwemmten die Wogen des Meeres eine Kiste mit einem hölzernen *Kruzifix* an die Küste. Die Bewohner von Ponta Delgada sahen da-

*Es grünt, so grün, so weit das Auge reicht – die Bauern bei São Vicente nützen jeden Flecken fruchtbarer Erde. Die meisten Feldterrassen sind nur auf steilen Pfaden erreichbar*

*Erfrischende Dusche in der Sommerhitze – mit voller Wucht schlagen die Wellen ins Meeresschwimmbecken von Ponta Delgada*

rin ein Wunder und stellten das Kreuz in dem kleinen Kirchlein auf, das schon bald darauf Ziel einer der wichtigsten *Wallfahrten* Madeiras wurde. Als das alte Gotteshaus 1908 abbrannte, blieb von dem Kruzifix nur noch ein kleines, verkohltes Stück übrig, das seither hinter Glas aufbewahrt und weiterhin hochverehrt wird.

Wie Ponta Delgada klettert auch das 2 km entfernte **Boaventura** (3000 Einw.) von Meeresniveau auf über 150 m Höhe die tiefgrünen, mit Weinreben bewachsenen Berge hinauf. Die Küstenstraße umrundet in steilen Serpentinen den Taleinschnitt der Ribeira do Porco, bevor sie bei Arco de São Jorge wieder das Meer erreicht. Boaventura, ›Gut Glück‹, ist mit zahlreichen großen und kleinen Ribeiras in der Umgebung gesegnet, deren Wasserreichtum das schmale Tal in eine fruchtbare Oase verwandelt hat. Hier wachsen Obstbäume und Weiden für die Korbflechterei [s. S. 45].

**Praktische Hinweise**

#### Hotel
**Solar de Boaventura**, Serrão Boaventura, Tel. 2 91 86 38 88, Fax 2 91 86 38 77. Zehn geschmackvoll eingerichtete Gästezimmer in einem alten Herrenhaus am Hang über Boaventura. Ein ruhiger, angenehmer Standort für die Erkundung der Nordküste. Das angeschlossene Restaurant bietet hervorragende madeirensische Küche, in der es neben Fisch und Fleisch gelegentlich auch Wildgerichte gibt.

### 19 São Jorge

*Barocker Prunk an der Nordküste.*

Am südlichsten Punkt des Dreiecks, in dem die Straße das Tal von Boaventura umgeht, zweigt eine unbefestigte Straße ins Inselinnere nach Curral das Freiras [Nr. 9] ab. An einer komfortableren Ver-

*Madeiras bester Wein, der Sercial, wird entlang der Nordküste angebaut*

## Die Nordküste – São Jorge/Santana

*Die vergoldeten Schnitzarbeiten und die illusionistischen Gemälde in der Igreja do São Jorge bilden eine ungewöhnlich reiche Ausstattung für eine Provinzkirche*

bindung zwischen Süd- und Nordküste wird bereits gebaut.

Hinter *Arco de São Jorge*, das sich an eine halbkreisförmige Bucht schmiegt, verläuft die 101 erneut landeinwärts und führt durch Kiefernwälder 10 km bis zum 3000-Seelen-Ort São Jorge, der sich rühmt, die schönste Barockkirche außerhalb der madeirensischen Hauptstadt zu besitzen. Während die **Igreja do São Jorge** von außen sehr unscheinbar wirkt, empfängt sie im Inneren mit kunstvoll geschnitzten und vergoldeten Altarrückwänden und herrlichen Azulejos, die tatsächlich den Vergleich mit jenen in Funchals Gotteshäusern nicht zu scheuen brauchen.

### Praktische Hinweise

#### Hotel

**Cabanas de São Jorge Village**, Sítio da Beira da Quinta, Tel. 2 91 57 62 91, Fax 2 91 57 60 32. Modernes Bungalow-Feriendorf an der Straße nach Santana. Das Restaurant serviert *Espetada* und Grillhähnchen sowie Steaks.

## 20 Santana

*Urige Häuschen in fruchtbarer Landschaft.*

Wiederum landeinwärts und auf kurviger Straße sind es 8 km nach Santana. Die hübsche Kleinstadt (10 000 Einw.) ist bekannt für ihre traditionelle bäuerliche Architektur: Die bunt gestrichenen **Casas de Colmo** zeichnen sich durch ein steiles Strohdach aus, das an der Rückfront und an den Seiten fast bis zum Boden reicht. Im Inneren sind die ›dreieckigen‹ Häuschen sehr beengt: Den unteren Teil nehmen die winzigen Wohnräume ein, während unterm Spitzdach meist die ›Speisekammer‹ liegt, in der das gemah-

*Kräftige Farbtupfer setzen die strohgedeckten Santana-Häuschen in die Landschaft*

*Die tiefe Frömmigkeit der Madeirenser findet in den Kirchenfesten wie hier in Santana ihren schönsten und intensivsten Ausdruck*

lene Getreide aufbewahrt wird. Einige ältere Casas kann man im ansonsten recht modernen Ortsbild von Santana noch entdecken. Die meisten von ihnen sind allerdings ziemlich verfallen. Deshalb hat die Gemeinde neben dem neuen Rathaus eine Art **Freilichtmuseum** eingerichtet, in dem man die weiß getünchten Häuschen mit ihren blau, rot oder grün gestrichenen Fensterläden bewundern kann. Geranien und Hortensien vor den Fenstern vermitteln den Eindruck, als seien die Casas bewohnt. In einem dieser Häuschen residiert die Touristeninformation.

Santanas *wirtschaftliches Kapital* erschließt sich auf den ersten Blick: In der fruchtbaren, fast ebenen Landschaft 400 m über dem Meer gedeihen Obst, Trauben, Gemüse und Mais. Jeder noch so kleine Fleck fruchtbaren Bodens ist genützt. Die Frauen von Santana verdienen sich mit kunstvollen Stickereien ein Zubrot [s. S. 76].

### Praktische Hinweise

**Information:** Câmara Municipal de Santana, Sítio do Serrado, Tel. 2 91 57 29 92, Fax 2 91 57 26 97

### Öffentliche Verkehrsmittel

Bus Nr. 103 Funchal – Boaventura (4-mal tgl.), Bus Nr. 138 Funchal – Cabanas (3-mal tgl.), Bus Nr. 132 Funchal – São Vicente (4-mal tgl.)

### Feste

**Festa dos Compadres** (1 Woche vor Karneval): Zu diesem Fest wird ein Tribunal abgehalten: Vor ›Gericht‹ stehen zwei Strohpuppen, ein Mann und seine Ehefrau, über deren angebliche Untreue erregt verhandelt wird, wobei ausgiebig Wein fließt. Am Schluss landen die beiden *Compadres*, Gevattern, auf einem Scheiterhaufen, und die Santanesen beschließen mit Musik und Tanz symbolisch das Ende des Winters.

*Bauern bei der Feldarbeit – hier werden Bohnenstangen gesetzt*

## Die Nordküste – Santana

*Tausende von Stichen, sehr viel Akkuratesse und Geduld sind erforderlich, um die zierlichen Muster auf feines Leinen oder Batist zu zaubern*

# Feine Stiche

Offiziell begann der Siegeszug der **Madeira-Stickerei** um die Mitte des 19. Jh., und zwar durch die Engländerin **Elizabeth Phelps**, deren Vater Ländereien auf Madeira besaß und als Lehrer tätig war. Gestickt haben die Frauen Madeiras bereits lange vorher – für die Aussteuer und für ihre reichen Herrschaften. Miss Phelps war es dann, die Frauen und Töchter der **Colonos** (Pächter) ihres Gutes ermutigte, die exquisiten Handarbeiten nicht nur für den Eigenbedarf, sondern auch für den Verkauf anzufertigen. Dieses Engagement war weniger sozial, denn ökonomisch begründet, da das bis dahin florierende Madeira-Wein-Geschäft durch eine Mehltau-Epidemie einen herben Rückschlag erlitten hatte und die Pächter vor dem wirtschaftlichen Ruin standen. Elizabeth Phelps machte die Frauen mit neuen Stichen und Mustern bekannt, sorgte für den Vertrieb in **England** und konnte bald große Erfolge verzeichnen. Heute gehen die madeirensischen Behörden davon aus, dass etwa 30 000 Frauen mit **Bordados do Madeira** ihr Haushaltsgeld nachhaltig aufbessern.

Der hochdifferenzierte **Produktionsprozess** beginnt und endet in der **Fabrik:** Unten liegen die Verkaufsräume, darüber die Ateliers, in denen die Muster vorbereitet werden und die fertigen Stücke den allerletzten Schliff bekommen.

Eine **Zeichnerin** entwirft die Muster auf Pergamentpapier, perforiert dieses entlang der Linien und steckt es dann auf dem Stoff fest. Nun wischen die **Druckerinnen** mit einem in Tinte getauchten Schwamm über das Pergament und übertragen so das Muster durch die perforierten Löcher auf den Stoff. Mit genauen Angaben zu Stichmenge und -art werden nun Vorlagen und Stickgarn an eine **Agentin** übergeben, die die Aufträge an die Frauen in ihrem Heimatdorf verteilt. Sie bringt schließlich die fertigen Stücke wieder in die Fabrik und kassiert den vereinbarten Lohn. Dort wird die **Qualität** der Arbeiten genau geprüft, dann werden die Stickereien gewaschen und gebügelt. Der letzte Weg führt sie zum **Instituto do Bordado** nach Funchal, wo sie erneut begutachtet und mit einer Plombe versehen werden, die die Stücke als Original-Handarbeiten von Madeira ausweist. Traditionell wurde auf Madeira Weiß auf Weiß gestickt, doch inzwischen hat eine Vielzahl neuer Sticktechniken, Muster und Farben den Markt erobert. Eines ist allen Stücken gemeinsam: Die filigranen Handarbeiten haben einen stolzen Preis – und das, obwohl die Stickerinnen mit umgerechnet etwa 250 € Monatslohn wahrlich nicht viel verdienen. Wer sich für den Herstellungsprozess interessiert, kann eine **Führung** in einem der großen Stickereigeschäfte Funchals mitmachen.

## Santana/Casas das Queimadas und Caldeirão Verde

**Festa de Santissimo Sacramento**
(31. Juli–1. Aug.): Pfarrkirche und Straßen sind anlässlich dieses Festes mit Blumengirlanden geschmückt. Nach dem Gottesdienst wird die Monstranz in einer Prozession durch den Ort getragen. Der Prozessionsweg ist mit einem kunstvollen Blütenstreifen belegt, auf dem der Priester mit dem Allerheiligsten entlangschreitet. Die solcherart ›gesegneten‹ Blumen werden von den Gläubigen aufgelesen. Anschließend wird bis spät in die Nacht gegrillt, getrunken und gegessen.

### Hotels

**TOP TIPP** **\*\*\*\* Quinta do Furão**, Achada do Gramacho, Santana, Tel. 2 91 57 01 00, Fax 2 91 57 21 31. Von dieser Unterkunft auf einem 5 ha großen Weingut, etwas westlich von Santana auf einem Plateau hoch über dem Meer, hat man an klaren Tagen eine grandiose Fernsicht bis Porto Santo. Dezente Atmosphäre, perfekter Komfort, hervorragende Ausstattung, eine interessante Bibliothek und köstliche Küche machen die erst vor kurzem erbaute Quinta zu einem idealen Ausgangspunkt für Wanderungen und Ausflüge entlang der Nordküste.

**\*\*\* Casas de Campo do Pomar**, Sitio de Lombo do Curral, Tel. 2 91 57 00 70, Fax 2 91 57 21 22, E-Mail: casascampopomar@mail.telepac.pt. Bungalows in einem verwunschenen Garten am Hang, Landhausatmosphäre und freundliches Personal.

**\* Pensão O Colmo**, Sítio Serrado, Santana, Tel. 2 91 57 24 78, Fax 2 91 57 43 12. Einfache und preisgünstige Familienpension mit rustikalem Restaurant direkt im Ortszentrum.

**\* Residencial O Curtado**, an der Straße 101 in Richtung Faial, Tel. 2 91 57 22 40, Fax 2 91 57 35 38. In herrlicher Panoramalage, aber direkt an der viel befahrenen Nordküstenstraße gelegenes Haus mit modern ausgestatteten Zimmern und einigen Casas de Colmo für Gäste, die einmal in einem traditionellen ›Santana-Haus‹ nächtigen wollen.

**O Escondidinho das Canas**, Pico António Fernandes, Tel. 2 91 57 23 19. Einfache Pension und ländliches Restaurant mit zwei alten, renovierten Casas de Colmo, in denen man ebenfalls übernachten kann.

### Restaurant

**Quinta do Furão**, Achada do Gramacho, Santana, Tel. 2 91 57 01 00. Rustikale madeirensische Küche wird in dem mit dunklen Holzmöbeln eingerichteten Hotelrestaurant von einem sehr zuvorkommenden Personal serviert. Die *Espetada* schmeckt herrlich nach Knoblauch und Lorbeer.

## 21 Casas das Queimadas und Caldeirão Verde

*Ein tiefgrüner Urwald schmückt den Fuß des Pico Ruivo.*

Etwa 5 km sind es von Santana auf einer schmalen Forststraße zur südwestlich gelegenen Feriensiedlung **Casas das**

*Es muss nicht immer Madeira-Stickerei sein – am Straßenrand hat eine Familie diese hübschen und originellen Santana-Souvenirs aufgebaut*

## Die Nordküste – Casas das Queimadas und Caldeirão Verde

*Im dichten Wald verborgen stehen die den Casas de Colmo von Santana nachempfundenen Ferienhäuschen von Queimadas*

**Queimadas** in 883 m Höhe. Hier, am Nordhang des Pico Ruivo, gleicht die von zahllosen Bächen und Wasserfällen gespeiste Landschaft einem immergrünen *Regenwald*. Die von Baumbart überwucherten Sträucher sehen aus wie geheimnisvolle Fabelgestalten, erst recht, wenn Regen und Nebel die Gegend mit undurchdringlichen Schleiern überziehen.

Bei solchen Witterungsverhältnissen sollte man die Wanderung zum 7 km entfernten Talkessel **Caldeirão Verde** nicht in Angriff nehmen. Ansonsten muss man für Hin- und Rückweg etwa 5 Std. einkalkulieren und sollte Proviant sowie unbedingt eine Taschenlampe pro Person mitnehmen, denn der Weg führt durch mehrere *Tunnels*. Schwindelfrei und trittsicher sollte man außerdem sein und stabiles Schuhwerk anziehen.

In Queimadas zeigt das Hinweisschild ›Caldeirão Verde‹ den Weg. Eine kleine Picknickanlage und eine Brücke querend, kommt man zunächst zu einem breiten, von hohen Bäumen beschatteten **Levada-Weg**. Nach etwa 15 Min. passiert die Levada ein hölzernes Viehgatter und verengt sich danach zu einem schwindelerregend schmalen *Steig*, der teilweise mit einem Geländer gesichert ist. Dennoch sollte man jeden Schritt sorgfältig setzen: *Wasserfälle* plätschern von den teils überhängenden Felsen auf der Weg und weiter in die Tiefe, die Rutschgefahr ist groß! Eine halbe Stunde später erreicht man eine **Brücke**, die eine tiefe Schlucht überspannt, und folgt weiter der Levada aus diesem Taleinschnitt hinaus in den nächsten hinein. Nach etwa 75 Min. Wanderzeit und einer dritten Talquerung wird es abenteuerlich: Man steht vor dem ersten, sehr niedrigen **Tunnel**, den man gebückt und mit der Taschenlampe ausleuchtend passiert. Nur wenige Schritte weiter folgt der zweite, etwas höhere und wesentlich längere Tunnel, und kurz darauf ist der dritte, nun wieder sehr niedrige Felsenschlund geduckt zu durchlaufen. Dahinter geht es in großer

*Wie geheimnisvolle Fabelwesen wirken die baumbartumschlungenen Äste*

*Grandiose Bergpanoramen begleiten den Wanderer auf dem Weg zum Pico Ruivo*

**Die Nordküste** – Casas das Queimadas und Caldeirão Verde/Pico Ruivo

*Nach dem ›Höhenrausch‹ folgt für die Gipfelstürmer der beschwingte Abstieg zur auf rund 1600 m Höhe liegenden Achada do Teixeira*

Höhe auf der Levada entlang zu einem letzten, kurzen Tunnel. Hier endlich wendet sich die Levada dem Caldeirão Verde zu: Ein ausgeschilderter Weg führt über Felsblöcke hinauf zum engen Talkessel, in den ein 100 m hoher **Wasserfall** hinabstürzt. Die Felswände sind mit Moosen und Farn überwuchert, von Pflanzen und Steinen tropft ein Sprühregen stetig in zwei silberklare **Teiche**, die Luft ist gesättigt von Feuchtigkeit, und da sich nur selten Sonnenstrahlen in den Caldeirão Verde verirren, ist es ziemlich kühl. Der Taleinschnitt liegt unterhalb der Nordflanke des Pico Ruivo. Auf dem gleichen Weg geht's dann wieder zurück nach Queimadas.

**Praktische Hinweise**

**Unterkunft**
**Casas das Queimadas**, Vermietung der Häuser über die Touristeninformation in Funchal [s. S. 34].

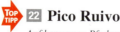 **22 Pico Ruivo**

*Auf bequemen Pfaden zum höchsten Berg Madeiras.*

Die kürzeste und gemächlichste Wanderung auf den Pico Ruivo startet etwa 7 km südlich von Santana am Parkplatz auf dem Hochplateau **Achada do Teixeira** in 1592 m Höhe und dauert hin und zurück knapp 2 Std. Proviant und gutes Schuhwerk sind erforderlich, der Weg stellt aber keine so großen Anforderungen wie die Wanderung zum Caldeirão Verde.

Die breite, weitgehend gepflasterte und gut ausgeschilderte Route verläuft die meiste Zeit am Bergkamm entlang auf die Nordflanke des Pico Ruivo zu und bietet bei klarem Wetter einen herrlichen Blick auf die zu schroffen Zacken erodierte Gipfelregion des *Pico das Torres* (1851 m) zur Linken und freie Sicht auf die Nordküste. Nach knapp 1 Std. ist die **Hütte** unterhalb des Pico Ruivo erreicht, wo man Wasser und Softdrinks bekommen kann. Von dort geht es die letzten Höhenmeter hinauf auf den **Gipfel** des mit 1862 m höchsten Berges von Madeira. Die Sicht ist atemberaubend: Im Westen schimmert grüngrau die Hochebene Paúl da Serra, im Osten schlängelt sich die Halbinsel *Ponta de São Lourenço* wie ein schwarzer Lindwurm hinaus ins Meer, im Nordosten ist der braune Klecks Porto Santo im Atlantik auszumachen. Kenner empfehlen, diese Wanderung am frühen Morgen zu unternehmen, um am Gipfel den Sonnenaufgang über Madeira genießen zu können.

**Praktische Hinweise**

**Unterkünfte**
**Hütte am Pico Ruivo**. Einfache Übernachtungsmöglichkeiten im Schlafsaal.

**Rancho Madeirense**, Pico das Pedras, Tel. 2 91 57 20 22, Fax 2 91 57 22 22. Hütten im ›Santana-Stil‹, guter Ausgangspunkt für die Pico-Ruivo-Wanderung; Reitmöglichkeiten.

## 23 Faial und Penha de Águia

*Dörfer und Terrassenkulturen um den Adlerfelsen.*

Hinter Santana verläuft die 101 weiter hoch über dem Meer bis ins 6 km entfernte Faial und passiert dabei zwei herrliche Aussichtspunkte, die besonders im Nachmittagslicht einen fantastischen Blick über Santana erlauben. Am ersten *Miradouro* lädt das Hotelrestaurant O Curtado [s. S. 77] zu einer kurzen Rast. Der 1500-Einwohner-Ort **Faial** bietet vom Kirchplatz und einer Plattform oberhalb des Ortes ein atemberaubendes Panorama: Am Penha de Águia vorbei sieht man bei klarem Wetter auf die felsige Halbinsel Punta de São Lourenço, und manchmal schwebt auch die Silhouette von Porto Santo über der See.

**Penha de Águia**, der Adlerfelsen, selbst bildet mit seiner steil zum Meer hin abfallenden Felswand eine der imposantesten Klippen Madeiras. Seinen Namen verdankt der kubische Bergklotz den früher hier nistenden Fischadlerpärchen. Heute gibt es Bestrebungen, den majestätischen Vogel in dieser Region wieder heimisch zu machen. Wie eine Barriere liegt der Felsen vor dem Ausgang des breiten Tales, das drei von den Bergen herabfließende Flüsse, *Ribeira Fria*, *Ribeira Seca* und *Ribeira da Metade*, in die Nordküste gegraben haben. Die weite Ebene wird intensiv landwirtschaftlich genutzt und ist deshalb auch dicht besiedelt. Vom Weiler **Penha de Águia de Baixa** aus führt ein etwa einstündiger, kaum markierter und teils mit dichtem, dornigem Buschwerk bewachsener Weg auf den Gipfel des Adlerfelsens. Die Tour sei nur erfahrenen Wanderern empfohlen. Lohn des Aufstiegs ist ein faszinierender Blick über die Nordküste und nach Süden in die tief zerklüfteten Ausläufer des Zentralgebirges.

Die 101 umgeht nun serpentinenreich in einem großen Bogen die Penha de Águia. An Faial schließen sich die Orte *São Roque de Faial* und *Porto da Cruz* beinah nahtlos an, dazwischen leuchten die Feldterrassen je nach Jahreszeit in Grün oder Goldgelb: In der Region werden Wein, Obst und Gemüse angebaut, gelegentlich sieht man Zuckerrohr und Weiden für die Korbflechterei. Zwischen den Feldern stehen alte, teils verfallene *Palheiros*. Madeiras Kühe führen in diesen mit Stroh gedeckten Unterständen ein eher freudloses Dasein. Da Weide-

*Beflügelnder Fernblick – der wuchtige Klotz des Adlerfelsens ist die charakteristische Landmarke an der Nordostküste Madeiras zwischen Faial und Porto da Cruz*

**Die Nordküste** – Faial und Penha de Águia/Porto da Cruz

land rar ist, bleiben sie fast das ganze Jahr in den Palheiros und werden mit Grünfutter versorgt. Nur auf den Hochebenen im Inselinneren wird man noch ›glücklichem‹ Vieh begegnen.

Zur **Weinlese** im Herbst kann man in dieser Region noch *Borracheiros* sehen, als Lastenträger verkleidete junge Burschen, die jungen Most in Ziegenschläuchen, *Borrachos,* von den Weinbergen in den Ort bringen. Der Brauch erinnert an die Zeiten, als die Nordküste nur per Schiff erreichbar war und alle Waren entweder auf dem Seeweg oder auf beschwerlichen, steilen Pfaden durchs Inselinnere in die Hauptstadt transportiert werden mussten.

## 24 Porto da Cruz

*Kiesstrände im Schatten des Adlerfelsens.*

An der Südostflanke des Adlerfelsens schmiegt sich das Dorf Porto da Cruz (3500 Einw.) an eine kleine Fels- und Kiesbucht. Mit seinen vom Meer ausgewaschenen und mit Beton begradigten *Meeresschwimmbecken*, einer hübsch gelegenen Pension und einem guten Restaurant ist dies ein ruhiger, beschaulicher Ort, der zu einigen Erholungstagen einlädt. Dominiert wird Porto da Cruz – benannt nach einem großen Kruzifix, das die ersten Bewohner am Meer aufgestellt haben sollen – von einer Ende der 50er-Jahre des 20. Jh. erbauten modernen, in strahlendem Weiß gehaltenen **Kirche** auf einer Plattform über dem Strand. Von ihrer *Aussichtsterrasse* schaut man hinunter auf die romantische Ruine einer alten Quinta im Schatten einer mächtigen Araukarie und auf die geschwungene **Kiesbucht**, die nach Osten zu von senkrecht aus der See emporwachsenden Felswänden begrenzt wird.

Am Strand erhebt sich der runde Schlot der Zuckerfabrik, die jeweils im Mai nach der Zuckerrohrernte in Betrieb genommen wird. In den schmalen Gassen um die Kirche ducken sich noch einige ältere, vom Zahn der Zeit gezeichnete Häuschen zwischen schmucke Neubauten. Nahezu jedes Anwesen ist von üppig blühenden **Gärten** mit Hibiskus, Rhododendron, Bougainvillea und Bananenstauden umgeben.

Prägen nach Westen und Süden die grünen, terrassierten Hänge vor allem das Bild der Landschaft, geht die Küste nach Osten zu in das kahle, grauschwarze Gestein der Halbinsel Ponta de São Lourenço über.

*Porto da Cruz ist vom Tourismus noch wenig berührt. Zu Füßen der modernen Kirche des Städtchens findet man alte Fischerhäuser und eine gemütliche Pension*

Porto da Cruz, Paso de Portela

*Immer wieder überrascht Madeira mit seinen intensiven Farbtönen, hier dem tiefen Blau des Atlantiks in der Bucht von Porto da Cruz*

## *Ausflug*

Von Porto da Cruz führt die Straße 102 durch das Inselinnere und über Camacha an die Südküste. Nur 5 km sind es auf diesem Weg zum **Paso de Portela** mit einem der spektakulärsten *Miradouros* der Insel: Von hier aus sieht man weit über die Nordküste, erkennt den Adlerfelsen und die weißen Häuschen von Faial und Porto da Cruz. In der aromatisch duftenden, kühlen Waldluft kann man auf der Terrasse des Ausflugsrestaurants **Casa de Portela** (Tel. 2 91 96 61 69) eine frisch gegrillte *Espetada* genießen.

### Praktische Hinweise

#### Öffentliche Verkehrsmittel
Bus Nr. 53, 78 von Funchal aus (ca. 5-mal tgl.)

#### Einkaufen
**Terras do Campo**, Tel. 2 91 56 21 88, an der 108 in Richtung Santo da Serra. Antiquitäten und Kitsch aus allen Teilen der Welt: Hier gibt es mexikanische Töpferwaren und indische Götterskulpturen neben sehr schönen Stickereien und alten madeirensischen Holzmöbeln – ein seltsames, aber durchaus originelles Sammelsurium.

#### Hotels
**** **Quinta da Capela**, bei Porto da Cruz, Tel./Fax 2 91 56 24 91. Luxuriöse Herberge in einem alten Herrenhaus oberhalb von Porto da Cruz. Geschmackvoll ausgestattete Zimmer, ungehinderter Meer- und Gebirgsblick und absolute Ruhe haben ihren Preis.

* **Albergaria Penedo**, Casas Próximas, Porto da Cruz, Tel. 2 91 56 30 11, Fax 2 91 56 30 12. Freundliche, frisch renovierte Familienpension am Strand von Porto mit einfachem Restaurant, in dem gute Fischgerichte serviert werden, und Sonnenterrasse über dem Meer.

#### Restaurant
**Penha de Ave**, Casas Próximas, Porto da Cruz, Tel. 2 91 56 21 27. Beliebtes Restaurant mit einer grünen Hecke aus Bananenstauden und guter madeirensischer Küche. Empfehlenswert ist die große Auswahl an Fischgerichten und die köstliche Krautsuppe *Caldo verde*.

# Im Südosten – ein herbes Paradies

Ab Porto da Cruz ist die nordöstliche Küste so steil und unwegsam, dass sie bislang nicht mit Straßen erschlossen werden konnte. Nur Fußpfade führen an ihr entlang. Die Verbindung zwischen Nord- und Südostteil Madeiras führt deshalb durchs Inselinnere: Über die mit Eukalyptus und Kiefern bewachsene Hochebene um den Ort **Santo António da Serra** mit seinen alten Quintas geht es nach **Machico**. Wo Zarco und seine Getreuen das erste Mal den Boden Madeiras betraten, breitet sich heute ein lebhaftes, hübsches Städtchen aus. **Caniçal** im Osten am Beginn der windumtosten Halbinsel **Ponta de São Lourenço** steht heute im Zeichen einer Freihandelszone, während hier noch vor 20 Jahren Pottwale gejagt und verarbeitet wurden. Auch **Santa Cruz** auf dem Weg nach Funchal ist von der rasanten wirtschaftlichen Entwicklung Madeiras geprägt. Über dem Fischerort schweben die Jets auf die Landebahn des Flughafens **Santa Catarina** ein, die auf hohen Betonstelzen über dem Meer verlängert wurde.

## 25 Santo António da Serra

*Sommerfrische mit kolonialem Charme.*

Die zweite Hochebene Madeiras, **Santo da Serra**, ist wesentlich kleiner als die Paúl da Serra [Nr. 33] im Westen und im Gegensatz zu ihr mit dichterer Vegetation gesegnet. Eukalyptus und Kiefern schwängern die stets kühle Luft auf 700 m Höhe mit aromatischem Duft, zwischen den Wäldern liegen große Weideflächen für Rinder und Schweine.

Der Hauptort, Santo António da Serra (2000 Einw.), liegt in diese Landschaft eingebettet auf 675 m Höhe. Am Straßenrand blühen hellblaue und rosa Hortensien, und immer wieder führen schmiedeeiserne Tore zu hinter Bäumen verborgenen Quintas, die sich vor allem britische Händler aus Funchal ab dem 18. Jh. als Sommerwohnsitze haben erbauen lassen. Das Dorf selbst macht einen recht verschlafenen Eindruck. Die dem hl. Antonius geweihte *Kirche* beherrscht das Ortszentrum. Nicht weit davon entfernt führt ein Portal zur *Quinta de Santo da Serra* der Blandy-Familie. Der Garten mit seinem alten Baumbestand, darunter den zwischen Mai und Juli hellrosa und weiß blühenden, mächtigen Magnolien, dient heute als Freizeitpark. In Käfigen kann man exotische Vögel, darunter Papageien, bewundern; Kinder haben am Pony- und am Kängurugehege ihre Freude. Vom Aussichtspunkt *Miradouro dos Ingleses* reicht die Sicht über die Hügel hinunter auf die Halbinsel Ponta de São Lourenço. Dieser ›Ausguck‹ war einer der Lieblingsplätze des alten John Blandy, der die Händlerdynastie begründete, denn von hier konnte er beobachten, wie seine mit Waren beladenen Schiffe heimkehrten. An den Wochenenden kommen viele Bewohner Funchals nach Santo, um im Park zu picknicken, die kühle Luft zu genießen oder einzuputten. Ganz in der Nähe liegt der älteste **Golfplatz** Madeiras. Ursprünglich als 9-Loch-Platz konzipiert, wurde er vor einigen Jahren auf 27 Loch erweitert. Man spielt mit fantastischem Blick über die Südostküste.

### Praktische Hinweise

**Öffentliche Verkehrsmittel**
Bus Nr. 77 von Funchal aus (7-mal tgl.). Keine direkte Verbindung ab Porto da Cruz oder Faial.

**Sport**
**Clube de Golfe Santo da Serra,**
Tel. 2 91 55 01 00, Fax 2 91 55 01 05,
E-Mail: reservas@santodaserragolf.

◁ *Karg und felsig – so zeigt sich die Landschaft auf der Ponta de São Lourenço*

**Im Südosten** – Santo António da Serra/Machico

*Golfvergnügen vor einzigartigem Panorama – vom Green bei Santo António da Serra reicht der Blick übers Meer bis zur bizarr geformten Halbinsel São Lourenço*

com. 27-Loch-Parcours in dramatisch-schöner Aussichtslage über dem Meer. Neben Clubmitgliedern sind auch Gäste willkommen. Es gibt hier auch einen Ausrüstungsverleih.

**Hotels**
**\*\*\*\* Estalagem do Santo**, Sítio dos Casais Próximos, Santo António da Serra, Tel. 2 91 55 26 11, Fax 2 91 55 25 96. Wunderschöne, geschmackvolle Anlage nicht weit entfernt vom Golfplatz am Ortsrand von Santo. Die ursprüngliche Pousada da Serra wurde durch Um- und Anbauten in eines der reizvollsten Hotels Madeiras verwandelt. Bei feucht-kalter Witterung sorgt ein Hallenbad für Entspannung.
**\*\* A Quinta**, Casais Próximos, Santo António da Serra, Tel. 2 91 55 00 30, Fax 2 91 55 00 49. Hübsches Mittelklassehotel mit rustikaler Einrichtung und liebevoll angelegtem Garten.
**\* Quinta do Pântano**, Casais Próximos, Santo António da Serra, Tel./Fax 2 91 55 25 77. Familienpension mit modern ausgestatteten Zimmern.

**Restaurants**
**A Quinta**, Casais Próximos, Santo António da Serra, Tel. 2 91 55 00 30. Madeira-Spezialitäten wie *Espetada* und Tomatensuppe kann man am prasselnden Feuer des offenen Kamins genießen.
**Estalagem do Santo**, Sítio dos Casais Próximos, Santo António da Serra, Tel. 2 91 55 26 11. Hervorragende Synthese aus madeirensischer Tradition und leichter mediterraner Küche. Besonders empfehlenswert sind die Fischgerichte. Gelegentlich gibt es auch Wildspezialitäten.

## 26 Machico

*Wo Zarco seinen Fuß auf die jungfräuliche Insel setzte.*

Mit seinen knapp 13 000 Einwohnern ist Machico, das an einer geschützten, tiefen Bucht liegt, die *zweitgrößte Stadt* Madeiras. Hafenaktivitäten wie in Funchal, wo regelmäßig Kreuzfahrtschiffe anlegen, gibt es hier nicht, nur ein paar bunt gestrichene Boote liegen auf dem grauen Kiesstrand. Die Wirtschaft konzentriert sich auf den **Fischfang** und das durch intensiven **Obst-** und **Weinanbau** genutzte Hinterland. Denn das von mehreren Ribeiras geschaffene Tal von Machico ist breit und gut bewässert. Die inmitten der Felder liegenden weißen **Gehöfte** mit ihren roten Ziegeldächern setzen Akzente im grünen Landschaftsbild. An den

# Machico

vier mit fast chinesisch anmutendem Schwung auslaufenden Ecken der Dachfirste sind die Häuser mit *Tonfiguren* geschmückt, meist Tauben, gelegentlich auch puttenähnlichen Gestalten oder Pyramiden. Diese traditionelle Dekoration soll den Bewohnern Fruchtbarkeit und Frieden sichern.

<u>Geschichte</u>   João Gonçalves Zarco und seine Mannen setzten 1419 in der Bucht von Machico Anker und betraten hier erstmals madeirensischen Boden – allein deshalb ist Machico von besonderer Bedeutung. Als **Heinrich der Seefahrer** nach dem Tod König Joãos I. 1433 die Befehlsgewalt über Madeira und Porto Santo erhielt, verteilte er das Land an seine drei verdienten Kapitäne. **Tristão Vaz Teixeira** wurde am 8. Mai 1440 in Machico eingesetzt, **Garça Perestrelo** zog am 1. November 1444 nach Porto Santo, und **João Gonçalves Zarco** erhielt am 1. November 1450 die Südwesthälfte Madeiras, die er von Funchal aus verwaltete. Die Kapitäne besaßen weitreichende Vollmachten: Sie konnten Steuern auf Land, Zuckermühlen, Backöfen und Salz erheben und sie durften brachliegende Böden nach eigenem Ermessen an Gutsherrn zur Nutzung übergeben. Machico entwickelte sich schon bald zu einem Zentrum des **Zuckerrohranbaus**, konnte aber mit der Metropole Funchal nicht konkurrieren, wo die für das Zuckerrohr geeignetsten Böden lagen: 1494 stammte

*Die Tontaube bringt den Bewohnern dieses Hauses Glück, Wohlstand und Fruchtbarkeit*

nur ein Fünftel der Ernte aus dem Legatsgebiet Machico. Als die portugiesische Krone 1497 Madeira direkt dem König unterstellte, hatte Funchal die Konkurrentin längst wirtschaftlich überholt. Die folgenden Jahrhunderte bescherten der Stadt abgesehen von einigen Piratenüberfällen keine größeren Ereig-

**Im Südosten** – Machico

*Besonders verehrt wird das Holzkruzifix in der schlichten ›Wunderkapelle‹ von Machico*

nisse. Mitte des 20. Jh. wurde mit dem Bau einer *Thunfischkonservenfabrik* versucht, neue Arbeitsplätze in Machico zu schaffen – daraus ist nichts geworden, wie die Fabrikruinen am Ortsrand deutlich bezeugen. Ähnlich unglücklich endete auch der Ausbau der *touristischen Infrastruktur*. Machico liegt in der Einflugschneise des Flughafens, sodass die bereits errichtete Hotelanlage Matur im Westen ihre Pforten mangels Gästen wieder schließen musste.

**Besichtigung** Machico besteht aus zwei Stadtteilen links und rechts der Ribeira da Machico. **Banda d'Além** im Osten ist das älteste Siedlungsgebiet an der Bucht. Niedrige Fischerhäuschen, der kleine Hafen und eine hübsche Parkanlage vor der Capela do Senhor dos Milagres lassen dieses Viertel idyllisch und nostalgisch wirken. Einige Pensionäre vertreiben sich die Zeit mit Dominospielen im Park, und bäuerlich gekleidete Frauen holen Brot in der kleinen Bäckerei. Die **Capela do Senhor dos Milagres** ❶ zählt zu den ältesten Sakralbauten Madeiras. Ein erstes Gotteshaus wurde kurz nach der offiziellen Entdeckung im 15. Jh. errichtet und nach einem Brand im 16. Jh. weitgehend erneuert. Aufgrund seiner exponierten Lage wurde es im 19. und 20. Jh. Opfer zweier Überschwemmungen und zuletzt 1957 wieder aufgebaut. An den ursprünglichen Bau erinnern heute noch das manuelinische *Portal* mit seinem elegant reliefierten Bogen und das Kreuz des Christusordens am Dachgiebel. ›Wunderkapelle‹ wurde sie deshalb genannt, weil bei der Überschwemmung 1803 ein **Holzkruzifix** mit den Fluten aufs offene Meer hinausgetrieben und drei Tage später von einem Fischer unbeschädigt geborgen wurde. Dieses Ereignis feiert man in Machico am 3. und 9. Oktober mit einem großen Fest, bei dem die Bewohner des Ortes in einer nächtlichen Fackelprozession zur Kapelle ziehen.

Folgt man der Ribeira da Machico von der Kapelle weiter in Richtung Strand, stößt man auf das niedrige, eher einem Wohnhaus ähnelnde **Forte de São João Baptista** ❷ aus dem Jahr 1708. Zusammen mit zwei weiteren Festungen [s. S. 90 f.] stellte es ein sehr effektives Schutzsystem gegen Piraten dar. Die Verteidigungsanlagen standen durch Signalfeuer miteinander in Verbindung.

Nahe der ›Wunderkapelle‹ führt eine Brücke über die Ribeira da Machico. Weiter geht es zum dreieckigen platanenbestandenen *Largo da Município*. Linker Hand erstrahlt die 1919 errichtete frisch renovierte **Câmara Municipal** ❸ in neuem Glanz. Ein Geschenk König Manuels I. aus dem Jahr 1499 schmückt heute das Stadtwappen Machicos über dem Eingang des Rathauses: eine goldene *Armillarsphäre*, die als astronomisches Instrument zur Kursbestimmung auf Schiffen überaus wichtig war. Schräg gegenüber hinter einer baumbestandenen Parkanlage steht **Nossa Senhora da Conceição** ❹. Auch sie stammt aus dem 15. Jh. und wurde von Branca Teixeira, der Ehefrau des Legatskapitäns, gestiftet. Sehenswert ist das *Hauptportal* der Kirche, dessen Bogenreliefs bizarre Fratzen aufweisen. Das manuelinische *Zwillingsportal* an der dem Platz zugewandten Seite der Pfarrkirche gilt als eines der Meisterwerke jener Epoche: Elegant schwingt sich der aus dunklen Steinen gearbeitete Spitzbogen über zwei kleinere, von weißen Marmorsäulen getragene Bögen. Die *Säulen* sowie einige Kunstwerke und die *Orgel* im **Inneren** des Gotteshauses sind Schenkungen König Manuels an Machico. Ein besonders wertvolles Stück, das Gemälde ›Anbetung der Heiligen Drei Könige‹ von Vasco Fernandes (16. Jh.), kann man heute im Museu de Arte Sacra in Funchal bewundern [s. S. 23]. Das São João Baptista geweihte *Seitenschiff* soll die Grabstätten der Teixeiras beherbergen. Das Familienwappen und einige Waffen des Legats-

*Im schattigen Stadtpark genießt man den Blick auf das schmucke Rathaus*

kapitäns bezeichnen die Stelle – ob sich dort wirklich Teixeiras Grab befindet, ist allerdings strittig. Obgleich auch diese Kirche umfassend barockisiert wurde, lassen beispielsweise die Spitzbögen der Kirchenfenster noch die gotischen Bauformen erkennen.

*Zwischen den Fischerbooten auf dem Kiesstrand von Machico breiten Kinder und Jugendliche ihre Badesachen aus*

## Im Südosten – Machico

*Bequemer als die Kieselsteine des Naturstrandes sind die betonierten Liegeflächen im Stadtbad von Machico allemal*

Verlässt man die Kirche durch das Zwillingsportal, so sieht man sich dem 1972 errichteten **Monumento do Tristão Vaz Teixeira** ❺ gegenüber. Es hat lange gedauert, bis Machico dem Legatskapitän ein Denkmal gesetzt hat. Vielleicht, weil Teixeira eine beinah königliche Hofhaltung und eine unersättliche Geldgier nachgesagt werden.

In den schmalen, von niedrigen Häusern gesäumten Straßen, die vom Platz zum Meer führen, liegen winzige **Geschäfte**, die alles verkaufen, was im madeirensischen Alltag gebraucht wird. Einige Ladenbesitzer haben darüber hinaus auch die typischen Madeira-Souvenirs wie Stickereien und Wein im Sortiment. An der küstennahen **Praça do Peixe** ❻ wird vormittags Fischmarkt abgehalten, und etwas weiter steht die **Lota** genannte Halle, in der jeden Morgen der frisch gefangene Thunfisch lautstark versteigert wird.

Überquert man die breite *Rua do Mercado*, erreicht man die zweite kleine Festung Machicos, das **Forte de Nossa Senhora do Amparo** ❼. Der dreieckige Bau liegt direkt am Meer. Von seinen Wehrmauern aus konnten die Kanonen im Falle von Piratenangriffen beide Seiten der Bucht bestreichen. Im Fort residiert heute die Touristeninformation, daneben gibt es eine kleine *Galerie*, die Wechselausstellungen mit Werken in- und ausländischer Künstler zeigt.

Zu Füßen der Festung erstreckt sich die Uferpromenade *Caminho de São Roque,* und dahinter liegt der aus großen Kieselsteinen bestehende Strand **Praia de São Roque** ❽. Da die Praia einer der wenigen natürlichen Badeplätze Madeiras ist, wurde sie touristisch erschlossen, und zwar in Gestalt des Hochhaus-Hotelkomplexes **Dom Pedro Baia** ❾, der sich architektonisch nicht so recht in die

*Die Piratengefahr ist gebannt – das Fort dient heute als Touristeninformation*

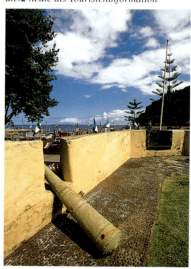

hübsche Bucht einfügen will. Dem Bau musste Machicos drittes und ältestes Fort (17. Jh.) weichen. Der Uferpromenade folgend gelangt man zur **Capela de São Roque** ❿, 1489 für den Schutzheiligen errichtet, der besonders in Pestzeiten verehrt wurde. Aus der Zeit des Neubaus (1739) stammen die schönen *Azulejos* im Inneren, die vom Leben und Wirken des hl. Rochus erzählen.

Wer der Schule für Madeira-Stickerei einen Besuch abstatten möchte, kehre auf die Hauptstraße (ER 101) zurück und halte sich rechts in Richtung Portela. Linker Hand sieht man dann ein altes Haus mit dem Schild **Casa das Bordadeiras de Machico** ⓫. Gestickt wird hier zwar nur einige Monate im Jahr, aber die Arbeiten aus der Region stehen jederzeit – teils zu günstigeren Preisen als in den Souvenirgeschäften von Funchal – zum Verkauf.

Nur 1 km südwestlich von Machico liegt der ehem. Ferienort **Água de Pena**. Die zaghaften Versuche, im Tourismusgeschäft Fuß zu fassen, wurden durch den Flughafenbau von Santa Catarina jäh beendet. Ruinen eines Hotels und einer Ferienanlage erinnern an den zerplatzten Traum.

## Ausflug

Den spektakulären, auf 322 m Höhe gelegenen Miradouro **Pico do Facho** erreicht, wer auf der Straße in Richtung Caniçal vor dem Tunnel [s. S. 92] nach rechts einen schmalen Weg hinauffährt oder einen 30 Min. Fußmarsch unternimmt. Im 16./17. Jh. wurde von hier die Küste überwacht. Sich nähernde Piratenschiffe konnten mittels Warnfeuern nach Machico gemeldet werden. Der Blick reicht nach Osten auf die Felsklippen der Halbinsel São Lourenço und die Ilhas Desertas, nach Westen über Machico und Santa Cruz bis zur über dem Meer schwebenden Landebahn des Flughafens Santa Catarina.

### Praktische Hinweise

**Information:** Forte de Nossa Senhora do Amparo, Tel. 2 91 96 22 89, Mo–Fr 9–12.30 und 14–17, Sa 9.30–12 Uhr.

#### Öffentliche Verkehrsmittel

Bus Nr. 23, 78, 113, 156 von Funchal aus

#### Einkaufen

**Casa das Bordadeiras de Machico**, an der ER 101 in Richtung Portela, Sítio da Pontinha, Tel. 2 91 96 66 55. Madeira-Stickereien mit den verschiedensten Motiven in allen Farben und Größen lagern sorgfältig geordnet in den Holzregalen der Schule.

*Frisch aus dem Atlantik auf den Teller – Austern sind eine begehrte Spezialität und schmecken in Machico besonders köstlich*

**Im Südosten** – Machico/Caniçal

### Tauchen
**Diving Center Baleia**, Hotel Dom Pedro Baia, Caminho de São Roque, Tel. 2 91 96 74 35, Fax 2 91 96 95 01, Internet:www.madeiradiving.com. Gut ausgestattete Tauchschule mit Kursen, Ausrüstungsverleih und Tauchgängen entlang der Küste.

### Hotels
** **Dom Pedro Baia**, Caminho de São Roque, Tel. 2 91 96 95 00, Fax 2 91 96 95 01. Der moderne Bau ist ein Fremdkörper im Ortsbild, bietet aber guten Komfort, eine eigene Tauchschule, einen Meerwasser-Pool und den Strand vor der Haustür.

** **Residencial Amparo**, Rua da Amargura, Tel. 2 91 96 81 20, Fax 2 91 96 60 50. Die familiär geführte, angenehme Pension mit 12 Zimmern und angeschlossenem Restaurant liegt im Ortszentrum.

** **Residencial O Facho**, Pracet a 25 de Abril, Tel. 2 91 96 27 86, Fax 2 91 96 11 18. Ebenfalls zentral gelegene Pension mit moderner Ausstattung und gutem Restaurant.

### Restaurants
**Dom Pedro Baia**, Caminho de São Roque, Tel. 2 91 96 95 00. Köstlicher Fisch, frische Meeresfrüchte sowie internationale Gerichte.

**El Padrino**, Serra Água, Tel. 2 91 96 24 33. Dieses hervorragende Fischrestaurant wird sogar von Ausflüglern aus Funchal aufgesucht. Neben *Espada preta* und Thunfisch wird gelegentlich auch Hummer offeriert.

**Família**, Sítio Pé-da-Ladeira, Tel. 2 91 96 94 40. Einfaches Lokal gegenüber dem Dom Pedro Baia. Die Einheimischen schätzen die günstigen Preise und die bodenständige madeirensische Küche. Rindfleischspieß und Tomaten-Zwiebel-Suppe schmecken wie ›bei Muttern‹.

**Mercado Velho**, Mercado Velho de Machico, Tel. 2 91 96 59 26. Nirgends in Machico sitzt man so idyllisch wie in diesem schattigen Café-Restaurant, das im alten Marktgebäude residiert. Das Essen ist ziemlich durchschnittlich, aber das kann der entspannten Stimmung unter alten Jacaranda-Bäumen keinen Abbruch tun.

## 27 Caniçal

*Auf den Spuren der Walfänger.*

Entlang der Ribeira da Machico kurvt die ER 214 den Hang hinauf, wendet sich dann nach Osten in Richtung Caniçal und durchquert den nächsten Bergrücken in einem 750 m langen *Tunnel*. Der landschaftliche Kontrast könnte nicht größer

*Wo bitte geht's lang? – Nicht immer ist der Einstieg zu den Wanderungen leicht zu finden, aber die Madeirenser zeigen sich stets hilfsbereit*

# Caniçal

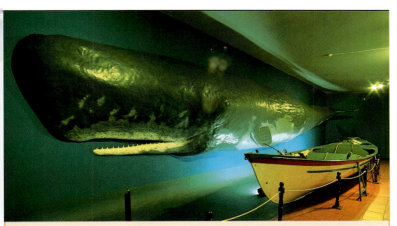

*Kaum zu glauben – riesige Pottwale wie dieser wurden bis 1981 von vergleichsweise winzigen Holzbooten aus mit Harpunen gejagt*

## Walfang-Vergangenheit

*Eine Vielzahl ständig stationierter **Wachposten** auf den Hängen über Caniçal sorgte dafür, dass die Fischer sofort informiert waren, wenn ein Wal in den Gewässern vor Madeira gesichtet wurde. Mit dem Ruf »Baleio, Baleio« gaben die Männer Alarm oder schossen Feuerwerksraketen ab, um die Fischer aus der Lethargie ihres tage- und wochenlangen Wartens zu reißen. Von einem betonierten Kai aus ließ man mittels Winden die traditionellen **Holzboote** (Canoas) zu Wasser, die anschließend vom einzigen Motorschiff des Ortes aufs Meer hinausgezogen wurden. Der Rest war Warten auf die weißen Dampfkringel, die irgendwo in der eisblauen See anzeigten, dass ein Wal zum Atemholen an die Wasseroberfläche kam. Dann musste alles blitzschnell gehen, denn das Tier blieb nur wenige Minuten oben.*

*Der Kampf mit den bis zu 20 m langen Kolossen wurde mit einfachsten Mitteln ausgetragen, mit von Hand geschleuderten **Harpunen**, die mittels eines Seils am Boot befestigt waren. Sobald der Wal am ›Haken‹ hing, versuchte er durch Abtauchen zu entkommen, das Boot in rasender Fahrt hinter sich her ziehend.*

*Wie kritisch die Situation sein konnte, schilderte 1969 der französische Arzt und Walfänger Jacques Soulaire in einem Artikel: »... die Leine entrollt sich so rasend schnell, dass man sie mit Wasser bespritzen muss, damit sie nicht Feuer fängt. Die Schlingen zischen wie Schlangen aus dem Zuber. Vom Bug saust das Kabel hinab, gespannt, vibrierend, in die Tiefe gerissen. (...) Unser Boot zischt davon – der Wal zieht uns mit der ganzen Kraft seiner Angst hinter sich her.« Irgendwann verließ den Wal die Kraft. Dann traten die **Truncadores** in Aktion und schleuderten ihre Lanzen immer wieder auf das Tier, bis es kläglich verendete. Anschließend wurde der Koloss an Land gezogen und verarbeitet.*

sein! Das Grün Machicos weicht dem dunklen Grau einer felsigen Landschaft, die mit niedrigem Farnkraut und Erika bewachsen ist. Caniçal, das sich 9 km östlich von Machico am Beginn der Landzunge São Lourenço an eine Bucht schmiegt, war bis 1956 nur per Boot oder auf einem schwindelerregenden Fußpfad zu erreichen, der heute als **Wanderweg** dient. Dank des Tunnels wurde der Fischerort mit seinen heute knapp 2000 Einwohnern an das Straßennetz Madeiras angeschlossen.

Caniçal war eine Zeit lang Madeiras **Walfangzentrum**. Doch damit war es zu Ende, als Portugal 1981 das Washingtoner Artenschutzabkommen unterzeichnete, das u. a. die Jagd auf den Pottwal

**Im Südosten** – Caniçal

verbietet. Einen neuen Arbeitsmarkt hatten sich die Behörden der Insel mit der Einrichtung einer **Freihandelszone** erhofft. Der neue Hafen und einige Industrieanlagen – unübersehbar die Pasta-Fabrik – zogen bislang aber nur madeirensische Investoren an. Von der Straße aus wirkt das ca. 120 ha große Gelände ebenso verlassen wie der eher unattraktive Ort. Fast menschenleer sind die windgepeitschten, von wenigen Touristencafés gesäumten Straßen.

Dennoch ist Caniçal durchaus einen Besuch wert, und zwar wegen des didaktisch hervorragend aufbereiteten **TOP TIPP** **Museu da Baleia** (Di–Sa 10–12 und 13–18 Uhr) am Fischerhafen. Es widmet sich der Geschichte des Walfangs, der etwas mehr als 40 Jahre die Familien von Caniçal ernährte. Erst 1940 begannen die Fischer Madeiras unter Anleitung ihrer erfahrenen Kollegen von den Azoren, **Pottwale** zu jagen. Jährlich wurden etwa 200 Tiere erlegt und verarbeitet. Knapp 4000 kg Öl und *Tran* lieferte ein Wal. Diese wachsartige Substanz diente in der Kosmetikindustrie als Grundlage für Cremes und Schminken, das Fleisch des Wals diente als Nahrung, aus seinen mächtigen Knochen stellte man Zaunpfosten her oder verarbeitete sie zu Düngemittel und Viehfutter. All dies dokumentiert das kleine Museum von Caniçal sehr anschaulich, und wer das blutige Spektakel nicht scheut, kann sich dort auch einen interessanten Film über den Walfang ansehen.

Vor dem Museum bieten Händler gelegentlich aus Walknochen geschnitzte *Souvenirs* an. Ob das Material tatsächlich vom Wal stammt, sei dahingestellt. Schließlich sind seit dem letzten Walfang bereits Jahrzehnte vergangen. Wer sich dennoch ein beinernes Segelschiff oder einen aus Knochen geschnitzten Anhänger kaufen möchte, findet hier eine große Auswahl.

Wenn Pottwale heute in der Zeit zwischen August und November die Südküste Madeiras passieren, droht ihnen keine Gefahr mehr. Sie sehen sich höchstens mit *Ausflugsbooten* konfrontiert, die versuchen, die Touristen möglichst nahe an die majestätischen Meeressäuger heranzuschippern.

**Praktische Hinweise**

**Öffentliche Verkehrsmittel**
Bus Nr. 113 von Funchal aus
(alle 60 Min., Fahrzeit ca. 75 Min.)

**Hotels**
\*\*\* **Quinta do Lorde**, Sítio da Piedade, Caniçal, Tel. 2 91 96 02 00,
Fax 2 91 96 02 02. Aus dem einst ein-

*Spitzenplatz mit Spitzensicht – bei klarem Wetter sieht man von der ›Quinta do Lorde‹ bis hinüber zur Insel Deserta Grande, die unter Naturschutz steht*

# Caniçal/Ponta de São Lourenço

*Flechten und Farne in Felskuhlen – so eindrucksvoll präsentiert sich die karge, windumtoste Halbinsel Ponta de São Lourenço ihren Betrachtern*

sam gelegenen Komforthotel über der Felsküste entsteht zzt. eine Ferienanlage mit Jachthafen. Wer sich hier einmietet, hat deshalb in der Saison 2003 vorübergehend mit Baulärm zu rechnen.

\* **Residencial Prainha Sol**, Palmeira Cima, Tel. 2 91 96 24 38. Einfache Pension an der Hauptstraße oberhalb von Caniçal.

### Restaurant

**TOP TIPP** **Amarelo**, beim Museu da Baleia, Tel. 2 91 96 17 98. Man sieht es dem Lokal von außen nicht an: Hier wird köstlich zubereiteter frischer Fisch serviert. Die kleinen Fische *Castanhetas* sind eine Delikatesse, und die Napfschnecken (*Lapas*) werden delikat mit Knoblauch angerichtet. Und natürlich gibt es auch Thunfisch und dazu prickelnden *Vinho verde*.

## 28 Ponta de São Lourenço

*Naturerlebnis an der windumtosten Ostspitze Madeiras.*

Etwa 5 km sind es von Caniçal hinaus auf die Halbinsel Ponta de São Lourenço, die wie ein mehrfach gekrümmter Felsenfinger aussieht. Der südöstlichste Zipfel Madeiras ist äußerst regenarm, dafür werden die Pflanzen häufig von der salzhaltigen Gischt des anbrandenden Atlantik benetzt. Entsprechend karg präsentiert sich die **Vegetation**: Die rötlichgrünen, fleischigen Blätter des Eiskrauts (*Mesembryanthemum crystallinum*) krallen sich in Felsspalten, Madeira-Levkojen (*Mathiola maderensis*) bilden kleine, lilafarbene Büschel, wie ein Teppich überdeckt Hornklee (*Lotus glaucus*) mit seinen goldgelben Blüten die Klippen. Im Frühjahr kann man in den Senken noch zahlreiche andere Blumen in Blüte sehen, die die harten Kontraste der von vielfarbigem, zwischen Rostrot und Tiefschwarz changierendem **Fels** geprägten Landschaft mildern.

Auf dem Weg zur Bucht **Porta da Abra** passiert man nach etwa 2 km eine kleine Kapelle, zu deren Füßen Madeiras einziger Sandstrand, die **Prainha**, liegt. Er besteht aus feinen schwarzen Lavakörnern und wird in den Sommermonaten gerne von Einheimischen besucht. Wenige Meter weiter lockt der einmalig schöne Aussichtspunkt **Punta do Rosto**. Von der Steilküste blickt man nach Osten auf die kahlen Felszacken der Halbinsel, nach Westen auf die von tiefen Einschnitten durchbrochene Nordküste mit ihrem tiefgrünen Pflanzenmantel.

Am **Parkplatz** – hier endet die Straße durch die Felswildnis – kann man sich

**Im Südosten** – Ponta de São Lourenço/Santa Cruz

*Madeira ist ein Fest für die Augen – überall, wo sich majestätische Panoramen entfalten, stehen auch ein paar Picknicktische und Bänke*

am meist geöffneten Kiosk mit Erfrischungsgetränken versorgen. Nur erfahrene und schwindelfreie Wanderer sollten dem wildromantischen, ungeschützten **Fußpfad** zur äußersten Spitze der Landzunge folgen. Und das auch nur bei gutem Wetter, denn der ohnehin steif von Osten wehende Wind kann sich schnell in einen wütenden Sturm verwandeln. Der größte Teil der insgesamt etwa 3 Std. dauernden Wanderung (7 km) ist am Wegesrand mit schwachen Farbtupfern und Steinpyramiden markiert, nur auf dem Mittelstück, wo man über Felsplatten balanciert, muss man sich selbst orientieren – allerdings ist der weitere Verlauf des Weges dahinter sichtbar. Schwierig ist vor allem das letzte Drittel des Weges, bei dem ein schmaler **Grat** – links und rechts fallen die Felswände steil zur See ab – ungesichert überquert wird. Der Mühe Lohn ist der Blick vom 150 m hohen **östlichsten Punkt** Madeiras auf die Ilhas Desertas und die Weite des schaumgekrönten Atlantiks.

Für weniger Geübte empfiehlt sich folgender *Spaziergang* (20 Min.) zu einem grandiosen Aussichtspunkt: Vom Parkplatz folge man dem oben erwähnten Wanderweg, von dem nach ca. 200 m ein **Trampelpfad** nach rechts abzweigt. Dieser senkt sich hinunter in eine **Mulde**, umrundet die Bucht und wendet sich dann hinter einer **Steinmauer** nach etwa 10 Min. Weg nach Norden auf eine Fels-

scharte zu. Kurz vor diesem Kamm biegt die schwierige Route (s. o.) hinaus auf die Halbinsel nach rechts ab. Der Spazierweg aber verläuft geradeaus weiter und erreicht nach wenigen Metern den fantastischen **Aussichtspunkt** hoch über der Nordküste der Ponta de São Lourenço. Wie die Rückenzacken eines im Meer versunkenen Riesendrachen ragen dunkle Felsspitzen aus dem Meer; dazwischen kreisen krächzende Möwen. Und wenn die Sicht klar ist, sieht man hinüber nach Porto Santo.

## 29 Santa Cruz

*Manuelinische Kunst im Schatten des Flughafens.*

Wie das knapp 7 km entfernte Machico rühmt sich auch Santa Cruz (23 000 Einw.), eine der ältesten Siedlungen Madeiras zu sein. Es heißt, der Inselentdecker Zarco sei hier kurz nach seiner Landung in Machico bei einer Erkundungsfahrt entlang der Küste von einem Sturm an Land verschlagen worden. Zum Dank für seine Rettung aus Seenot habe er ein *Kreuz* in der Bucht aufgestellt, dem Santa Cruz seinen **Namen** verdankt.

Da sich die relativ flache Landschaft um Santa Cruz ideal für den Anbau von Zuckerrohr eignet, ist es ziemlich wahrscheinlich, dass bereits die ersten Siedler damit begonnen haben. Heute ziehen sich *Gemüsefelder* und *Obstpflanzungen*, zwischen denen vereinzelt Häuser stehen, bis weit nach Nordwesten ins Inselinnere unter die Hochebene Santo da Serra [s. S. 85].

Der **Ortskern** von Santa Cruz mit seinen niedrigen Häusern liegt zwischen der Küstenstraße, die zur Zeit als *Autobahn* ausgebaut wird, und dem Meer. Direkt an dieser Schnellstraße beginnt der hübsche Stadtpark. Daneben stehen das **Município** aus dem 16. Jh. mit manuelinischem Dekor aus dunklem Basalt und das **Tribunal** (Gerichtsgebäude) mit einer sehr schönen Freitreppe, die in elegantem Schwung zum Eingang hinaufführt.

**TOP TIPP** Das Herz der Siedlung aber ist die dreischiffige **São Salvador** aus dem Jahr 1533. Die nach der Sé zweitgrößte Pfarrkirche der Insel präsentiert sich mit einem eigenwilligen sechseckigen Turmaufsatz und einer zinnenähnlichen Dachumrahmung aus fast schwarzen Steinkreuzen. Sehenswert im **Inneren** ist neben den gotischen Gewölbebögen ein manuelinisches *Zwillingsportal* aus dunklem Basaltstein in einer Seitenkapelle und der noch erhaltene Reliefschmuck an der Decke über dem Altar.

Wenn die *Sakristei* geöffnet ist, kann man die hier aufbewahrten hispanomaurischen **Kacheln** aus dem 16. Jh. bewundern. Sie zählen zu den ältesten Beispielen der Azulejo-Kunst auf Madei-

*Die Pfarrkirche von Santa Cruz birgt wunderschöne Azulejos*

ra. Vor einigen Jahren wurde die Kirche komplett renoviert und erstrahlt nun in neuem Glanz, der die dunklen manuelinischen Schmuckelemente besonders gut zur Geltung bringt.

Durch schmale Gassen geht es von der Kirche zum **Strand** des Ortes, dessen Attraktion die modern gestaltete Badeanlage **Praia das Palmeiras** mit Meerwasserpool ist. Palmen und Drachenbäume säumen die Bucht, die sich wie fast alle Buchten Madeiras mit sehr großen Kieselsteinen präsentiert.

Bei einem Besuch des **Mercado Municipal** kann man sich vom Obst- und Gemüsereichtum der Insel überzeugen: Die Markthalle wurde erst vor kurzem renoviert und wirkt mit ihren modernen *Azulejo*-Wandbildern und dem fein säuberlich aufgebauten Warenangebot ungemein einladend.

Die gemächliche, angenehm-freundliche Atmosphäre von Santa Cruz böte einen idealen Urlaubsrahmen – wäre da nicht der *Flughafen Santa Catarina*, in dessen Einflugschneise der Ort liegt. Es gibt Wochentage, an denen ein Flugzeug ums andere in atemberaubendem Tiefflug über Santa Cruz in Richtung Landebahn einschwenkt.

Aber vielleicht hat dieser Makel ja auch sein Gutes. Der Ort Santa Cruz wird sicherlich nie touristisch entwickelt werden und sich so seinen Charme erhalten.

*Schlicht und anrührend – das ›Letzte Abendmahl‹ in der Kirche São Salvador*

# Das Inselinnere –
# Felszacken, Quellen und ein Hochmoor

Schmale Serpentinenstraßen erschließen das gebirgige Inselinnere, das 1982 zum *Nationalpark* erklärt wurde. Um **Ribeiro Frio** stehen Madeiras letzte Laurazeenwälder unter Naturschutz. In kühnen Steigungen und Gefällen fährt man von Meereshöhe bis auf 1400 m zum **Paso de Poiso** empor. Madeiras höchste Gebirgsstraße, die ER 202, führt von diesem Pass sogar noch 400 m weiter nach oben und endet auf dem Felsengipfel des **Pico do Arieiro** in 1818 m Höhe. Ein gänzlich anderes Landschaftsbild bietet die Hochebene **Paúl da Serra** im Westen Madeiras mit ihren Moospolstern und Madeiraheidelbeer-Büschen. Quellen und Wasserfälle verwandeln die Umgebung von **Rabaçal** in ein immergrünes Paradies. Die Gebirgswelt Madeiras ist ein durch Levada-Wege gut erschlossenes **Wandergebiet**, in dem man von kleinen ein- bis mehrstündigen Touren bis hin zu einer Sechs-Tage-Wanderung quer über die Insel Ausflüge der verschiedensten Schwierigkeitsgrade unternehmen kann.

## 30 Ribeiro Frio

*Besuch bei den Forellenzüchtern am ›kalten Fluss‹.*

Der Weiler Ribeiro Frio, ›kalter Fluss‹, liegt an der ER 103 etwa 16 km von Funchal entfernt Richtung Faial in 860 m Höhe. Hier oben unterhält das Landwirtschaftsministerium eine **Forellenzuchtstation**. Die Anlage mit ihren runden, in Terrassen übereinander liegenden Fischbecken ist hübsch in einen *Park* eingebettet. Sie wird von mehreren Levadas gespeist und zieht etwa 80 000 Fische auf, die dann in den Bächen der Insel ausgesetzt oder an Restaurants verkauft werden. Ursprünglich gab es auf Madeira – abgesehen von Aalen, die ohne Probleme von Meer- in Flusswasser wechseln können – keine Süßwasserfische. Anfang der 60er-Jahre des 20. Jh. wurden die ersten Regenbogenforellen in den madeirensischen Gewässern ausgesetzt.

Welche **Lorbeerarten** auf der Insel beheimatet waren, bevor man den Bestand durch Abholzung fast völlig vernichtete, erschließen die lateinisch beschrifteten Täfelchen an den Bäumen um die Forellenzucht, darunter befinden sich der *Stinklorbeer*, der gelb blühende *Kanarische Lorbeer* und der *Madeira-Mahagoni*.

Auch **endemische Pflanzen** wie der in dichten Büschen wachsende *Madeira-Storchschnabel*, eine Geranienart mit

*Über Felsstufen plätschert das Wasser des ›kalten Flusses‹ in die Forellenbecken*

**Oben:** *Während die Bergspitzen noch im Sonnenlicht baden, versinken die Täler unter einer weißen Wolkenschicht*

**Unten:** *Ein Urwald aus kniehohem Farn wuchert an den Hängen der Paúl da Serra*

**Das Inselinnere** – Ribeiro Frio, Balcões

## Laurazeen – ein üppiges Geschenk der Natur

Madeira hat seinen Namen, der im Portugiesischen **Holzinsel** bedeutet, den dichten Wäldern zu verdanken, die das Eiland zu Beginn seiner Besiedlung bedeckten. Anders als heute, wo in Höhen bis zu 700 m Nutzkulturen vorherrschen, reichten noch zu Anfang des 15. Jh. Büsche und Bäume bis ans Meer. Die unmittelbar nach der ›Entdeckung‹ Madeiras einsetzende landwirtschaftliche Erschließung der niederen bis mittleren Lagen hat die einheimische Flora fast vollständig verdrängt. In größeren Höhen fielen die Bäume den Holzfällern auf der Suche nach Baumaterial und Brennstoff zum Opfer. Seit den 30er-Jahren des 20. Jh. werden die kahlen, der Erosion schutzlos ausgelieferten Hänge wieder aufgeforstet – doch nicht mit **Laurazeen**, der ursprünglichen ›grünen Lunge‹ Madeiras, sondern mit Eukalyptusbäumen und Strandkiefern. Nur etwa 15 000 ha Lorbeerwald haben den Kahlschlag überstanden. Im **Parque National de Madeira**, der das gesamte Gebirgsland umfasst, stehen sie unter **Naturschutz**.

Der **Lorbeer** mit seinen immergrünen Blättern ist nicht nur eine außerordentlich schöne, sondern auch eine nützliche und ökologisch wichtige Baumart. Auf Madeira kommen hauptsächlich **vier Spezies** vor: Azorischer Lorbeer, Stinklorbeer, Madeira-Mahagoni und Kanarischer Lorbeer.

Das Holz wird wegen seiner Härte von der Möbelindustrie geschätzt, aus seinen Zweigen werden die Spieße hergestellt, auf denen der Espetada sein bestes Aroma erhält. Außerdem liefert er Öl und das köstliche Gewürz, das jedem Wildbraten erst die richtige Note gibt.

Der Baum mit seinen ledrigen, ovalen Blättern benötigt ausreichend Feuchtigkeit: 1500 mm Niederschlag im Jahresdurchschnitt und Nebel, dessen Tropfen auf dem Baum kondensieren. Wie ein **Schwamm** speichern Lorbeerwälder mit ihrem dichten Busch- und Krautbewuchs das kühle Nass und entlassen es in unzähligen Quellen und Bächen talabwärts. Der Wasserreichtum speist eine Fülle anderer feuchtigkeitsliebender Pflanzen: Farne und Moose gedeihen im Halbschatten der Lorbeerwälder in wuchernder Pracht. Baumheide streckt sich bis zu 2 m hoch und die Madeira-Heidelbeeren wachsen mundgerecht an ebenso hohen Büschen.

Aus den Laurazeenwäldern an der Nordseite Madeiras werden die meisten **Levadas** (Bewässerungskanäle) in die landwirtschaftlich genutzten Gebiete geleitet. Gäbe es keine Lorbeerwälder mehr, würde Madeira dies empfindlich spüren, denn die anderen Baumpflanzungen halten zwar das Erdreich fest, speichern aber kaum Wasser, weil sich Büsche und Kräuter in ihrer Umgebung nicht wohl fühlen.

trompetenförmigen, lila Köpfchen, und der *Schopffingerhut* mit seinen dunkelgelben Blütenständen sind um die Fischbecken angepflanzt.

Ribeiro Frio liegt übrigens im Naturschutzgebiet **Parque Forestal**, in dem einer der wenigen **Lorbeerwälder** Madeiras erhalten ist. Diesen kann man auf Levada-Wegen erkunden.

*Ausflüge*

Einer der bequemsten und schönsten **Wanderwege** in dieser Region führt entlang der **Levada do Furado** in knapp 45 Min. von Ribeiro Frio zum Aussichtspunkt Balcões. Sie beginnt etwa 50 Meter unterhalb von *Victor's Bar* am Hinweisschild ›Balcões‹. Von dem breiten mit Hortensien und Belladonna-Lilien bewachsenen Waldweg hat man immer wieder einen schönen Blick auf die Häuser von Ribeiro Frio. Hinter einer schluchtartigen Passage zwischen Felswänden hindurch gelangt man zu der Bar Balcões und kann hier eine kleine Rast einlegen. Anschließend folgt man der Levada weitere 10 – 15 Min. bis zur Abzweigung nach rechts, die zu dem einzigartigen Miradouro **Balcões** führt. Durch ein Holzgeländer geschützt, steht man hoch über dem Tal und blickt auf die höchsten Gipfel Madeiras: den *Pico das Torres* (1851 m) und den halb verdeckten *Pico Ruivo* (1862 m). Bei guter Sicht ist sogar der Adlerfelsen Penha de Águia zwischen Faial und Porto da Cruz zu erkennen. Auf gleichem Weg geht es zurück nach Ribeiro Frio.

Levada do Furado/Pico do Arieiro

›Victor's Bar‹ in Ribeiro Frio ist an den Wochenenden ein beliebtes Ausflugsziel. In der aromatischen Waldluft schmecken die Forellen besonders gut

Eine längere, anspruchsvolle Wanderung zweigt direkt hinter Victor's Bar nach rechts ab. Sie umfasst 10 km und führt der gelben Markierung ›Portela‹ folgend zum *Paso de Portela* [s. S. 83]. Auf diesen Weg sollten sich nur trittsichere und schwindelfreie Wanderer wagen. Auch weniger Geübte können aber sehr wohl den ursprünglichen **Lorbeerwald** genießen, durch den die Route führt, sollten jedoch nach etwa 15 Min. wieder umkehren. Schon nach wenigen Schritten taucht die Levada do Furado in einen tiefgrünen Dschungel ein. Hortensien, Farne und Moose wuchern beiderseits des Weges, von den Lorbeerbäumen hängen Baumbärte.

*Autofahrer aufgepasst! An Kurven herrscht auf Madeira kein Mangel*

### Praktische Hinweise
#### Öffentliche Verkehrsmittel
Bus Nr. 103, 138 von Funchal nach Boaventura bzw. Cabanas (3-mal tgl., etwa 90 Min. Fahrzeit).

#### Restaurants
**Refúgio do Vale,** Ribeiro Frio, Tel. 2 91 78 28 52. Madeirensisch-rustikales Lokal, das z. B. *Espetadas* auf Lorbeerspießen serviert.

**Victor's Bar**, Tel. 2 91 57 58 90. Die Delikatesse dieses rustikalen Bar-Restaurants sind geräucherte Forellen.

 31 **Pico do Arieiro**

*Eine wildromantische Fahrt auf Madeiras dritthöchsten Berg.*

Von der ER 103 Funchal – Faial zweigt am *Paso de Poiso* in 1400 m Höhe eine Asphaltstraße nach Nordwesten ab und erklimmt auf 7 km Länge die 400 m Höhenunterschied zum Gipfel des Pico do Arieiro (1818 m). Von den bewaldeten Hängen der mittleren Gebirgslagen geht

## Das Inselinnere – Pico do Arieiro

*Das Eis für die Hautevolee von Funchal wurde einst in Steiniglus gelagert*

es nun in das Zackenreich der **Basaltspitzen**, die zunächst noch von Heidekraut und Erika umhüllt, schließlich als nackte, zu bizarren Formen erodierte Felsfinger in den Himmel stechen. Hier oben fällt im Winter gelegentlich *Schnee*, den die Reichen noch bis ins 20. Jh. in Eishäusern lagern ließen. Dies waren *Erdlöcher*, die zusätzlich durch ein kuppelförmiges Steindach isoliert wurden. Das Eis überstand darin sogar die Sommermonate und wurde von Trägern nach Funchal gebracht, wo es Speisen und Drinks der Highsociety kühlte. Ein solches **Eishaus** passiert man 2 km vor dem Gipfel des Pico do Arieiro. Es liegt etwas versteckt links der Straße hinter einer Parkbucht.

Unterhalb des Pico steht in majestätischer Felsenlandschaft eine **Pousada**, in deren Restaurant-Café man eine kleine Rast einlegen kann. Vor dem Haus verkaufen Souvenirhändler vor allem warme Stricksachen, die hier oben auch sehr nützlich sein können.

Bei klarem Wetter sieht man vom **Aussichtspunkt** am Gipfel auf die Zacken des *Pico das Torres*, hinter denen sich Madeiras höchster Berg, der *Pico Ruivo*, versteckt. Ein sehr gut unterhaltener **Wanderweg** führt in etwa 3 Stunden (10 km) vom Pico do Arieiro hinüber zum Ruivo und zur Achada do Teixeira [s. S. 80]. Die Strecke ist allerdings nur sportlichen Wanderern, die schwindelfrei sind, zu empfehlen.

Die beste Zeit für eine Fahrt auf den Pico do Arieiro ist der Morgen, die Spanne zwischen der Auflösung der Frühnebel und dem Heraufziehen von Nebel- und Wolkenbänken (meist ab 10 Uhr). Auch am Abend bietet sich häufig eine

*Morgenstund hat Gold im Mund – meist nur zu dieser Tageszeit hat man vom Gipfel des Pico do Arieiro ganz Madeira im Visier*

Pico do Arieiro/Boca da Encumeada

Die Wetterverhältnisse in den Bergen sind unberechenbar! Noch lagern die Wolken um den Pico do Arieiro friedlich in den Tälern, aber urplötzlich können sie die Gipfel einhüllen

recht gute Sicht. Wer in der Pousada übernachtet, kann die klaren Abendstunden und den Sonnenaufgang am nächsten Morgen genießen.

**Praktische Hinweise**
### Hotel
\*\*\* **Pousada do Pico do Arieiro**, Tel. 2 91 23 01 10, Fax 2 91 22 86 11. Komfortable, modern ausgestattete Pousada in unvergleichlicher Panoramalage.

### 32 Boca da Encumeada

*Auf engen Serpentinen durch Madeiras majestätische Gebirgswelt.*

Die ER 104 folgt von Ribeira Brava [Nr. 10] aus recht geradlinig dem Tal der Ribeira da Serra de Água bis zum 5,5 km entfernten Ort **Serra de Água,** dessen Häuschen zwischen den eng zusammengerückten Berghängen im immerwährenden Schatten zu liegen scheinen. Dahinter beginnt die steile und serpentinenreiche Route zum 4,5 km entfernten Pass

## Das Inselinnere – Boca da Encumeada

*Encumeada-Pass: Sonne und Wolken sind stets nah beieinander, und manchmal weist ein Regenbogen dem Wanderer den Weg*

**Boca da Encumeada**. Die Strecke bietet nach jeder Kurve immer neue *Ausblicke* auf das von Terrassenfeldern strukturierte Tal, die mit Kiefern und Eukalyptus bewachsenen höheren Lagen und die kahlen Felswände. Unterwegs kann man in der reizvoll zwischen aromatisch duftendem Wald und Straße gelegenen *Pousada dos Vinháticos* (s. u.) eine Rast machen. Nach insgesamt 11 km ist der Pass in 1007 m Höhe erreicht. Von hier geht es links zu einem **Aussichtspunkt** mit einem bei klarem Wetter wirklich grandiosen Blick, der zugleich die Nord- und die Südküste Madeiras umfasst. Dazwischen sieht man die dunklen Furchen der tief eingeschnittenen Täler zwischen steilen, teils mit Lorbeerwald bewachsenen Hängen.

Auf der Nordseite schlängelt sich die Straße hinunter in das wie ein Fächer aufgefaltete Tal von São Vicente und passiert nach wenigen Kurven ein beliebtes Ausflugsziel der Madeirenser: **Chão dos Louros**, einen schattigen Laurazeenwald, in dem Picknicktische zur Pause laden. An Lorbeer erinnern um São Vicente zahlreiche Ortsnamen wie Achada do Till (*Till* = Stinklorbeer) oder Achada do Loural. Bis auf diese Lorbeerbestände ist das Tal der **Ribeira de São Vicente** schon seit Anfang der Besiedlung intensiv landwirtschaftlich genutzt, leider schon früh seines Waldmantels entkleidet worden.

### Praktische Hinweise

**Öffentliche Verkehrsmittel**

Bus Nr. 6 von Funchal nach Boaventura (3-mal tgl.), Nr. 139 von Funchal nach Porto Moniz (1-mal tgl. morgens). Beide Busse halten auf der Boca da Encumeada.

**Hotels**

*** **Pousada dos Vinháticos**, Serra de Água, Ribeira Brava, Tel. 2 91 95 23 44, Fax 2 91 95 25 40. Rustikale Pousada in schöner Lage unterhalb der Boca da Encumeada. Ideal als Ausgangspunkt für anspruchsvolle Wanderungen. Im Restaurant kann man madei-

◁ *Ganz schön schwungvoll führen die schmalen Bergstraßen durchs Inselinnere*

rensische Spezialitäten genießen, manchmal sogar *Caldo verde*.

**\*\* Residencial Encumeada**, Feiteirais – Serra de Água, Ribeira Brava, Tel. 2 91 95 12 81. Moderne Pension unterhalb des Encumeada-Passes. Das Ausflugsrestaurant ist bei Einheimischen beliebt.

## 33 Paúl da Serra

*Eine an Schottland erinnernde Landschaftsstimmung auf der Blumeninsel.*

Der Taleinschnitt der *Ribeira Brava*, dem die Verbindungsstraße vom gleichnamigen Ort nach São Vicente folgt, teilt Madeira in einen schroffen östlichen und einen etwas sanfteren, wenngleich ebenfalls gebirgigen westlichen Bereich. Hier liegt mit etwa 100 km² Fläche Madeiras größte Ebene, die Paúl da Serra, auf 1300 m Höhe. Von der *Boca da Encumeada* [Nr. 32] zweigt die ER 110 nach Westen ab und führt, zunächst noch durch dicht bewaldete, zerklüftete Berglandschaft und durch mehrere Tunnels, auf die Paúl da Serra zu. Bereits nach wenigen Kilometern verändert sich die Szenerie: Bäume und Blumen weichen einem tiefgrünen **Moos-** und **Farnpolster**, in das die gelben Blüten des Stechginsters hübsche Farbtupfer setzen. Schafe und Ziegen, gelegentlich auch ein paar Kühe weiden auf den Wiesen, über die der Wind Nebelfetzen treibt. Nur hier oben kann das Vieh in freier Natur grasen, ansonsten ist zu wenig Weidefläche vorhanden. Wie urzeitliche Riesen tauchen aus dem immer wieder durch Sonnenstrahlen gelichteten Nebel die weißen Silhouetten der **Windräder** auf, die hier

## Das Inselinnere – Paúl da Serra

*Umweltfreundliche Energie liefern die Windräder der Paúl da Serra*

ein Kraftwerk antreiben. Nachdem die Pläne für den Bau eines Flughafens auf der Hochebene wegen der extremen Wetterbedingungen aufgegeben werden mussten, entschloss man sich, zumindest die ungebrochene Kraft des Windes zu nutzen. Etwa 2% der auf der Insel benötigten Elektrizität werden auf der Paúl da Serra gewonnen.

*Paúl* bedeutet Sumpf. Der Charakter dieses beinah schottisch anmutenden Hochmoors erschließt sich in den Wintermonaten, wenn das Regenwasser in den vielen flachen Senken stehen bleibt, um langsam im porösen Untergrund zu versickern. Im Sommer wirkt die Landschaft relativ trocken – der Wasserreichtum dieses riesigen ›Schwamms‹ offenbart sich dann in den benachbarten Tälern wie beispielsweise um Rabaçal [Nr. 34], wo zahllose Quellen sprudeln und in Wasserfällen Richtung Meer stürzen.

Über den **Campo Grande**, das ›große Feld‹, führt die Straße fast schnurgerade gen Westen. Aufmerksame Beobachter können mit etwas Glück einen der vielen Mäusebussarde erspähen, die hier oben ihr Revier haben.

Wenig später erreicht man einen **Aussichtspunkt** mit zahlreichen Souvenirständen – der Witterung entsprechend besteht das Angebot aus Pullovern, Jacken und Strickmützen mit Ohrenklappen, die Madeiras Bauern tragen. Bei klarem Wetter sieht man hinunter auf die Nordküste. Am hiesigen *Parkplatz* führt eine schmale, kurvenreiche Straße abwärts in den Talkessel von Rabaçal.

### Praktische Hinweise

**Hotel**
**Pico da Urses**, Paúl da Serra, Tel. 2 91 82 41 28. Die Pousada liegt kurz vor dem Aussichtspunkt auf der Hochebene. 28 komfortabel eingerichtete Gästezimmer, ein Restaurant mit

*Der Euro rollt – an den Souvenirständen auf der Hochebene Paúl da Serra machen die Händler verständlicherweise mit dicken Wollpullovern die besten Geschäfte*

## Raffinierte Bewässerungstechnik

*Wer auf Madeira wandert, weiß die teils gemauerten, teils in den Fels gesprengten Bewässerungskanäle, die* **Levadas***, als zuverlässige Wegmarken zu schätzen. Die an ihnen entlang laufenden Pfade, von den Arbeitern während der Kanalinstandsetzung genutzt, sind zugleich interessante Wanderwege. Mit der Entwicklung der Landwirtschaft sind die Levadas aufs Engste verbunden. Die* **Topographie** *Madeiras machte es den Bauern von Anfang an nicht leicht. Im gebirgigen Inselinneren war* **Wasser** *in Fülle vorhanden, aber nur im Winter, während starker Regenfälle, gelangte es auch durch die sonst trockenen Ribeiras bis in die Küstenregionen. Zugleich war die* **Nordküste** *mit ihrem ohnehin feuchteren Klima wegen der steilen Hänge für Feldbau nur bedingt geeignet, die flachere* **Südküste** *hingegen war zu regenarm, um extensive Landwirtschaft zu ermöglichen. Nur ein* **Bewässerungssystem** *konnte hier den nötigen Ausgleich schaffen.*

*Eine wichtige Rolle beim Bau der ersten Levadas kam nordafrikanischen Sklaven zu. Diese ›***Mauren***‹ kannten komplizierte Bewässerungstechniken aus ihrer ariden Heimat und setzten ihre Kenntnisse auch auf Madeira um. Unter welchen Mühen und Gefahren die Kanäle gebaut wurden, die das Wasser von den Quellen an den Nordhängen durch das Gebirge nach Süden leiteten, kann man nachempfinden, wenn man beim Wandern an Levadas entlangbalanciert, die wie steinerne Rinnen an senkrechten Felswänden verlaufen oder sich durch Tunnels zwängen. Nicht nur die* **Technik***, auch die* **Nutzung** *des Wassers scheint von nordafrikanischen Vorbildern beeinflusst: Wie dort in den Oasengärten überwachten hier an den Knotenpunkten der Levadas eigens bestellte Wasserwächter, die* **Levadeiros***, die gerechte Zuteilung des Wassers an die einzelnen Landwirte. Dabei wurde die Wassermenge in Stunden gemessen und mittels Schleusen zu den jeweiligen Feldern geleitet. In einigen Teilen Madeiras wird dieses System noch heute praktiziert.*

*Immer am Wasserkanal lang – ganz schön steil können die Levada-Wege sein*

*Im 19. Jh. entwickelte sich eine spannungsgeladene* **Problematik** *um die Levada-Nutzung. Das Wasser war Eigentum des* **Königs** *und allen Bewohnern Madeiras gegen geringe Gebühr zugänglich. Allerdings hatten sich auch viele* **Privatleute** *im Levada-Bau engagiert und verlangten nun Geld für die Nutzung ›ihres‹ Wassers.*

*Je nach Region und Wasserknappheit konnten die geforderten Beträge astronomische Höhen erreichen – eine Entwicklung, die zahllose Pächter in den Ruin treiben sollte. An der Wende zum 20. Jh. gab es ein 100 km umfassendes Netz öffentlicher Levadas, während über 600 km Kanäle in privater Hand waren.*

*Das* **Levada-Netz** *hat heute eine Länge von 2150 km. Es speist nicht nur die* **Felder***, sondern treibt mehrere* **Wasserkraftwerke** *an, die zusammen 60% des madeirensischen Energiebedarfs abdecken.*

*Der letzte große Wasserkanal, die* **Levada dos Tornos***, wurde 1966 eröffnet: Sie verläuft über Funchal nach Osten und ist etwa 100 km lang. Auf dem Teilstück zwischen Blandy's Garden und Monte begleitet sie einer der reizvollsten leichten Wanderwege Madeiras [s. S. 42].*

**Das Inselinnere** – Paúl da Serra/Rabaçal, Cascada do Risco

*Grenzenlose Freiheit und Stille über den Passatwolken – von diesem nicht alltäglichen Erlebnis auf der Paúl da Serra wird man noch lange zehren*

rustikaler madeirensischer Küche, in der Fleischgerichte vom Grill dominieren. Auch in der skurrilen, als ›Dschungel‹ mit Löwengebrüll und Vogelgezwitscher eingerichteten Café-Bar sorgen Snacks und Erfrischungsgetränke fürs leibliche Wohl.

*Einen stolzen Mann kann nichts entstellen – auch nicht die typisch madeirensische, hier touristisch etwas verfremdete Wollmütze*

## 34 Rabaçal

*Im Zauberwald der 25 Quellen.*

Die schmale Stichstraße von der Paúl da Serra nach Rabaçal senkt sich steil von 1300 m Höhe in das 300 m tiefer gelegene Tal, in dem das auf der Hochebene versickernde Wasser in zahllosen Quellen austritt, sich zur **Ribeira da Janela,** Madeiras längstem Fluss, vereinigt und seinen Weg durch Lorbeerwald hinunter an die Nordküste nimmt. Ein Großteil des Wassers wird allerdings durch Levadas und kühn in den Fels getriebene Tunnels an die Südküste geleitet. Von Rabaçal aus lassen sich herrliche *Wanderungen* und *Spaziergänge* unternehmen. Eine Infrastruktur gibt es abgesehen von einigen Picknicktischen nicht, daher sollte man eigenen Proviant mitbringen.

### Ausflüge

Ausgangspunkt für die **Wanderung** zur Cascada do Risco (hin und zurück 30 Min.) sind die Ferienhäuser wenige Schritte vom Parkplatz entfernt, wo ein Schild in Richtung ›25 Fontes, Risco‹ weist. Im Schatten von dichtem Lorbeerwald geht es bergab bis zur **Levada do Risco,** der man nun nach rechts folgt. Wenige Minuten später zweigt der Wanderweg zu den 25 Quellen (s. u.) nach links ab. Der Pfad entlang der Levada do Risco hingegen geht geradeaus und führt dann nach rechts zum durch Geländer ab-

Rabaçal, Cascada do Risco, Levada 25 Fontes

*Mutter und Kind beim Spaziergang – im Sommer dürfen sich glückliche Schafe und Ziegen auf den Weiden der Paúl da Serra so richtig austoben*

gesicherten **Aussichtspunkt**, von dem man in das dicht bewachsene Felsrund hinunterblicken kann. Das Rauschen des in zwei Arme gespaltenen **Wasserfalls Cascada do Risco**, der 100 m tief in einen See stürzt, erfüllt die Luft, und ein stetiger Sprühregen sorgt für Feuchtigkeit.

Wendet man sich an der obengenannten Weggabelung nach links, gelangt man zur **Levada 25 Fontes**. Diese Wanderung zählt zu *den faszinierendsten Touren* Madeiras. Sie verläuft allerdings z. T. auf sehr schmalen Pfaden. Die Gesamtstrecke hin und zurück beträgt rund 5 km und ist in 2 Std. bequem zu bewältigen. Ein Handtuch (für ein Fußbad im See), aber auch ein Regenschutz gehören in den Rucksack.

Vom Weg geht es zunächst zahlreiche Stufen zur Levada 25 Fontes hinunter, der man nach rechts folgt. Nach etwa 15 Min. führt der Wasserkanal durch einen *Felsrücken*, den der Wanderweg, gesichert durch ein Gitter, über Stufen und eine Brücke umgeht. Anschließend läuft man wieder bergauf, bis man erneut auf die Levada trifft und einen Blick in den Talkessel des Risco-Falles werfen kann. Der schmale Pfad ist in Folge von hoher Baumheide gesäumt, die die Sicht auf den steil abfallenden Hang verwehrt. Jenseits dieses üppig *grünen Korridors* erreicht der Weg eine Art Lichtung und wendet sich nun, immer noch der Levada folgend, nach rechts zu den 25 Fontes.

An einer Brücke zweigt ein Pfad nach rechts ab und endet kurz darauf an dem von unzähligen Rinnsalen und einem schönen Wasserfall gespeisten **See** im Talkessel der 25 Quellen (1 Std.). Hier kann man sich für den Rückweg erholen und das frische Grün von Farnwedeln und Lorbeerbäumen genießen.

*Ganz anheimelnd tröpfelt, rieselt und plätschert es am Teich der 25 Fontes*

# Porto Santo – Badeparadies vor der Küste Madeiras

Porto Santo liegt 50 km nordöstlich von Madeira und ist der Antipode der Holzinsel. Alles, womit Madeira sich schmückt, Blütenpracht, Wälder, Hochgebirge, fehlt auf Porto Santo. Umgekehrt besitzt der ›Heilige Hafen‹ ein Kapital, mit dem die große Schwester nicht aufwarten kann: feinsten **Sandstrand** und ein Klima, das keine Kapriolen schlägt. Das Inselchen bildet den idealen Abschluss einer anregenden Wander- und Kulturreise durch Madeira. Am Strand **Campo de Baixo** westlich der Inselhauptstadt **Vila Baleira** kann man die Seele baumeln lassen und Sonne, Sand und Meer genießen, ohne von plötzlich aufziehenden Wolken dabei gestört zu werden. Abstecher nach **Camacha** mit seiner malerischen Windmühle oder an die **Ponta de Calheta** zum Fischdinner mit Aussicht sorgen für Abwechslung.

## 35 Vila Baleira

*Wo Christoph Kolumbus seine Bohne gefunden haben soll.*

Über die Hälfte der knapp 5000 Portosantesen lebt in der *Hauptstadt* an der flachen, sandigen Südostküste der fast dreieckigen Insel. Vila Baleira ist eine freundliche Stadt mit fast afrikanischem Flair. Dattelpalmen stehen zwischen den niedrigen, weiß gekalkten Häusern, die graugelbe Hügelkette im Hintergrund betont den trockenen Landschaftscharakter, und im Gegensatz zum emsigen, quirligen Funchal scheint das Leben hier einen Takt langsamer zu verlaufen.

**Geschichte**  Städtchen und Insel können auf eine bewegte Geschichte zurückblicken, wobei Porto Santo zunächst nicht im Schatten Madeiras stand. 1418 landeten **João Gonçalves Zarco** und **Tristão Vaz Teixeira**, vermutlich von einem Sturm verschlagen, an der Küste Porto Santos und gaben der Insel aus Dank für die glückliche Rettung den Namen ›Heiliger Hafen‹. Erst als das Wetter aufklarte, erkannten sie in der Ferne die Silhouette Madeiras und setzten erneut Segel, um die größere Insel zu erforschen. 1420 erhielt **Bartolomeu Perestrelo** das damals noch mit Drachenbäumen, Buschwerk und Macchia bewachsene Eiland von Heinrich dem Seefahrer als Lehen. Von Anfang an machte Wassermangel *Ackerbau* auf Porto Santo zu einem Vabanquespiel für Pächter und Gutsherren. Die **Viehzucht** war dagegen

◁ *Da hat sich die Natur mächtig ins Zeug gelegt – die Insel Porto Santo ist stolz auf ihre Supersandstrände und ihre fantastischen Felsenküsten*

*Hat sich Vila Baleira mit seinem Mosaiksteinpflaster nicht fein herausgeputzt?*

# Porto Santo – Vila Baleira

*Dieses Azulejo-Bild ist der einzige Schmuck der weißen Pfarrkirche von Vila Baleira*

dank der ebenen Flächen vielversprechender als auf Madeira, weswegen Porto Santo bis heute als Fleischlieferant für die Nachbarinsel fungiert.

Porto Santo war eigentlich keine große Zukunft beschieden. Zu mager waren die Erträge, und die rücksichtslose Abholzung tat das ihre, die Landschaft schutzlos der Erosion preiszugeben. Perestrelo, dessen Familie die Insel bis ins 16. Jh. verwaltete, war nicht besonders glücklich mit dem mageren Lehen. Die ungesicherte Südküste Porto Santos wurde beliebtes Angriffsziel von **Piraten** aus aller Herren Länder.

Ein einziges historisches Ereignis von weitreichender Bedeutung verbucht die Insel für sich: **Christoph Kolumbus**, der nach Perestrelos Tod eine von dessen Töchtern geheiratet hat, soll sich in seiner damaligen Funktion als Zuckerhändler einige Zeit auf Porto Santo aufgehalten haben. Der Rest ist Legende: Kolumbus habe bei einem Spaziergang am Strand einen eigenartig geformten Stein gefunden, der sich als **Bohne** entpuppte – eine Hülsenfrucht, die unmöglich von der Insel oder von Madeira stammen konnte. Der Fund habe ihn in der Ansicht bestärkt, dass jenseits des Atlantik Land zu finden sei, von dem diese Bohne stammte, nämlich Indien. Eine ähnliche Geschichte verbucht übrigens auch Madeira für sich.

## Geschichten eines Weltreisenden

*Nicht nur um seine Anwesenheit auf Madeira und Porto Santo ranken sich unzählige Legenden, das ganze Leben des Seefahrers und Entdeckers* **Christoph Kolumbus** *liegt unter einem Schleier von Geschichten. Ein Grund dafür ist der Mangel an konkreten Informationen. Als gesichert gelten nur wenige* **Lebensdaten**: *1451 wurde er als Sohn armer Leute in Genua geboren, 1475 hielt er sich einige Monate in der Ägäis auf, 1476 ging er nach Lissabon, heiratete zwei Jahre später die Tochter Perestrelos [s. S. 112] und versuchte ab 1483 vergeblich, König João II. von seinen Plänen, einen* **Seeweg nach Indien** *zu suchen, zu begeistern. 1485 verlagerte er seine Bemühungen nach Spanien, wo er schließlich Erfolg hatte und am 3. August* **1492** *mit seinen drei Karavellen ›Santa Maria‹, ›Niña‹ und ›Pinta‹ in See stechen konnte. Am 12. Oktober landete Kolumbus auf der Bahama-Insel ›Guanahani‹, die er San Salvador taufte.*

*Zwischen 1476 und 1482 scheint Kolumbus* **Madeira** *mehrmals im Auftrag reicher Genueser Zuckerhändler besucht zu haben. Angeblich wohnte er dann immer im Haus des flämischen*

*Wo liegt Indien? Kolumbus-Denkmal an der Rua Infante Dom Henrique*

*Kaufmanns* **João Esmeraldo** *in Funchal [s. S. 23]. Ob er seine spätere Frau,* **Filipa Moniz Perestrelo**, *hier kennenlernte, bleibt ungewiss. Möglicherweise war die Heirat mit der Tochter einer so angesehenen Familie ein strategischer Schachzug des durchaus ehrgeizigen Mannes. Von Vorteil war auch, dass die Familie auf* **Porto Santo** *ansässig war. Denn rund um die flache Insel konnte Kolumbus Strömungsverhältnisse hervorragend studieren und dabei auch aufschlussreiches Treibgut sammeln – wie die legendäre ›Kolumbus-Bohne‹ [s. S. 112].*

**Besichtigung** Mittelpunkt des Städtchens ist der Rathausplatz *Largo do Pelourinho* mit der einschiffigen **Igreja da Senhora da Piedade**. 1430 gegründet, zählt sie zu den ältesten Gotteshäusern der westatlantischen Inseln. Auch wegen ihres Kirchenschatzes wurde sie von Piraten mehrmals geplündert und niedergebrannt. In ihrer heutigen Form stammt sie aus dem 17. Jh. Weiße Wandflächen und dunkle Basaltrahmen zu Fenstern und Portalen weisen die Pfarrkirche als typisch madeirensisches Bauwerk aus. Ein recht wuchtiger, niedriger *Turm* mit pyramidenförmiger Spitze lugt über das rote Ziegeldach. Einziger Schmuck des strengen Außenbaus ist das Azulejo-Medaillon mit der ›Grablegung Christi‹ an der *Nordfassade*.

Im **Inneren** zeigt sich die Kirche im schlichten, barocken Gewand: Jungfrau Maria blickt von einem Gemälde auf den mit einfachem Schnitzwerk geschmückten *Hochaltar*, nur eine Seitenkapelle im manuelinischen Stil mit gotischen Bögen ist noch vom ursprünglichen Bau erhalten.

*Im Casa Museu Christovão Colombo huldigt Porto Santo dem berühmten Entdecker*

## Porto Santo – Vila Baleira

*Eine gelungene Mischung – europäischer Baustil und afrikanisches Flair bestimmen den Charakter des gemütlichen, ruhigen Städtchens Vila Baleira*

Schräg gegenüber steht das überaus schmucke Renaissance-Rathaus **Casa de Camâra** (16. Jh.) mit einer von zwei Seiten zum Eingangsportal im Obergeschoss hinauf führenden, von zwei prachtvollen Drachenbäumen flankierten Freitreppe. Weiße Mauern auch hier, doch Fenster- und Türumrahmung sind aus hellem Sandstein gearbeitet, der mit den grünen Fensterläden harmoniert. Den schattigen Vorplatz mit seinen hohen Dattelpalmen schmückt ein *Kieselmosaik* mit einer Windrose. Schmiedeeiserne Bänke laden zum Verweilen ein.

**TOP TIPP** Hinter der Kirche wurde 1989 in einem alten Gebäude das **Casa Museu Christovão Colombo** (Mo–Fr 9–17.30, Sa 9.30–12 Uhr. Anmeldung für Führungen unter Tel. 2 91 98 34 05) eröffnet. Ob es sich bei diesem ›Kolumbus-Haus‹ nun tatsächlich um dessen Wohnsitz oder um den der Familie Perestrelo handelt – darüber gibt es auf Porto Santo sich widerstreitende Ansichten. Gesichert ist, dass der aus unverputzten Steinen errichtete Bau aus dem 17. Jh. stammt. Erst kürzlich entdeckte Mauerreste auf dem Grundstück können sogar ins 15. Jh. datiert werden. Das *Museum* präsentiert Seekarten, historische Dokumente und Stiche, die Kolumbus' Aufstieg vom Zuckerhändler zum Seefahrer und Entdecker sowie seine Fahrten dokumentieren. Ein Raum ist mit nachgebauten Möbeln und lebensgroßen Puppen, die Kolumbus und seine Gattin darstellen, eingerichtet. Im *Erdgeschoss* sind Fundstücke aus einer 1724 vor der Baia do Guilherme an der Nordküste gesunkenen, holländischen *Gallone* ausgestellt. Das mit Silberbarren und Preziosen beladene Schiff lockte prompt Schatztaucher an – bereits 1725 wurde der erste Versuch unternommen, die Fracht zu bergen. Heute liegt nur noch der seiner Ladung beraubte Schiffsrumpf in der Bucht.

Vom Rathausplatz führen zwei Hauptstraßen aus dem Zentrum. Die *Rua Dr. Nuno Silvestre Teixeira* zieht als recht lebhafte Einkaufsstraße nach Nordosten, die *Avenida Henrique Vieira de Castro*, an der sich auch das Tourismusbüro befindet, wendet sich nach Südwesten und endet am Strand Campo de Baixo [s. S. 116]. Die *Rua Infante Dom Henrique* schließlich führt nach Süden direkt auf den Kai mit der Schiffsanlegestelle zu. Bis zum Bau der Mole 1928 wurden die Passagiere vom Schiff an den Strand getragen, damit sie keine nassen Füße bekamen.

Die Fährschiffe aus Madeira werfen heute am neuen Hafen **Porto de Abrigo** östlich von Vila Baleira Anker.

## Praktische Hinweise

**Information:** Secretaria regional do Turismo, Av. Henrique Vieira de Castro, Tel. 2 91 98 23 61, Mo–Fr 9–17.30, Sa 10–12.30 Uhr

### Öffentliche Verkehrsmittel
Mehrmals tgl. Busse nach Camacha, Serra de Fora und Campo de Baixo, an den Wochenenden stark eingeschränkter Verkehr.

### Mietwagen
**Rodavante**, am Flughafen, Tel. 2 91 98 29 25.

**Christovão Colombo**, Rua Dr. Manuel Gregório Pestana Júnior, Tel. 2 91 98 22 80.

### Diskothek
**Challenger**, Rua D. Estevão de Alencastre, neben dem Friedhof im Nordosten der Stadt, Tel. 2 91 98 34 80. An den Wochenenden vergnügt sich ab 22 Uhr in dieser In-Disco die Jugend.

### Hotels
\*\*\* **Praia Dourada**, Rua D. Estevão de Alencastre, Tel. 2 91 98 23 15, Fax 2 91 98 24 87. Angenehmes Stadthotel etwas nördlich des Zentrums in ruhiger Lage.

\*\* **Pensão Central**, Rua A. Magno Vasconcelos, Tel. 2 91 98 22 26, Fax 2 91 98 34 60. Vom Rathausplatz ein Stück nach Nordwesten, ruhige Lage und einfache, freundlich eingerichtete Zimmer.

### Restaurants
**Arsenio's**, Av. Dr. Manuel Gregório Pestana Júnior, Tel. 2 91 98 43 48. Das Restaurant bietet italienisches Alternativprogramm für alle, die sich an Pizza und Pasta satt essen wollen.

**Esplanada de Praia**, direkt am Kai, Tel. 2 91 98 44 11. Auf der luftigen Terrasse werden Sandwiches und Toast, aber auch *Espada preta* und Meeresfrüchte serviert.

**O Forno**, Rampa da Fontinha, Tel. 2 91 98 51 41. Zu den Grillspezialitäten wie *Espetada*, *Costeleta de porco na brasa* oder *Garoupa grelhada* wird das köstliche, noch warm mit Knoblauchbutter bestrichene Brot *Bolo de caco* aufgetischt.

### Cafés
**Baiana**, Rua Dr. Nuno Silvestre Teixeira, Tel. 2 91 98 46 49. In diesem Café am Rathausplatz treffen sich die Einwohner gern zum Schwatz.

*Wenn die Fähre anlegt, kann's im Hafen von Porto Santo manchmal sogar regelrecht hektisch werden*

**Porto Santo** – Vila Baleira/Campo de Baixo

**Bambina**, Av. Dr. Manuel Gregório Pestana Júnior, Tel. 2 91 98 34 25. Nettes Eiscafé, in dem man auch Snacks wie z. B. Hamburger bekommt.

### 36 Campo de Baixo

*Badeparadies mit goldgelbem Sand und türkisblauem Meer.*

Neun Kilometer feinster Sand – wer von Madeira mit seinen schroffen Felsklippen kommt, wird dieses luxuriöse Geschenk der Natur zu schätzen wissen. Der hübsche Strand Campo de Baixo beginnt westlich der Inselhauptstadt und erstreckt sich an den Örtchen *Campo de Baixo* und *Ponta* entlang bis zur Ponta de Calheta am südwestlichen Ende Porto Santos. Mehrere Hotels, zahlreiche hübsche Ferienhäuser und einige Snackbars säumen den goldgelben Streifen. In den Sommermonaten, wenn die Madeirenser hierher zum Baden kommen, ist es nahezu unmöglich, noch ein freies Zimmer zu bekommen, wenn man nicht frühzeitig reserviert hat. Außerhalb der Monate Juli und August sind sonnenhungrige Urlauber aber fast allein mit dem Sand und

*Die beiden Badenixen genießen das unbeschwerte Strandleben – und ihr Eis*

*Am Strand Campo de Baixo – 9 km feinster Sand und Platz in Hülle und Fülle*

dem türkisblauen Meer, das noch bis in den November hinein mit angenehmen 20 °C zum Schwimmen lockt.

Campo de Baixo bietet alle badetouristischen Annehmlichkeiten wie Sonnenschirm- und Liegestuhlverleih, Dusch- und Umkleidekabinen sowie eine Tauchschule. Kulturelle Sehenswürdigkeiten gibt es – wie zu erwarten – entlang des Strandes allerdings nicht, abgesehen von der **Capela do Espíritu Santo** im Ort Campo de Baixo, die zwischen Palmen versteckt von außen sehr unscheinbar wirkt und ihr heutiges Aussehen Renovierungsarbeiten im 19. Jh. verdankt. Im meist geschlossenen Kirchenraum wird ein flämisches Gemälde des ›Letzten Abendmahls‹ aus dem 16. Jh. aufbewahrt.

Als Ausgleich für den Mangel an Kultur-Highlights bietet die Natur an der **Ponta de Calheta** ein wunderschönes Panorama: Durch eine schmale Meeresstraße getrennt, blickt man auf die wild zerklüftete Felsenkulisse der *Ilhéu de Baixo*. Auch der Strand bietet hier ein Kontrastprogramm, denn der Sand geht hier in Felsküste über – ein besonders guter Platz für Schnorchler, die zwischen den Zinnen und Zacken glasklares Meer vorfinden. Und nicht nur das: Im Restaurant *Pôr do Sol* am Aussichtspunkt kann man darüber hinaus noch hervorragend Fisch essen.

Campo de Baixo

*Winzige Felsinselchen spitzen aus der ruhigen See an der Ponta de Calheta*

## Praktische Hinweise
### Nachtleben
**O Lavrador**, Tel. 2 91 98 32 74. Strandbar, in der die Jugendlichen den Tag am Meer beschließen.

### Hotels
**\*\*\*\* Luamar Suite Hotel**, Cabeço da Ponta, 4 km von Vila Baleira, Tel. 2 91 98 41 21, Fax 2 91 98 31 00. Die Suiten der großen Apartmentanlage sind mit Wohnzimmer, Schlafraum und Küchenzeile ausgestattet. Mehrere Pools und der Sandstrand vor der Tür laden zum Sonnenbad und zum Sprung ins kühle Nass.
**\*\*\*\* Porto Santo**, Tel. 2 91 98 01 40, Fax 2 91 98 01 49. Die moderne Anlage direkt am Palmenstrand bietet allen Komfort wie Pool und Tennis sowie einen besonders aufmerksamen Service.
**\*\*\*\* Torre Praia Suite Hotel**, Rua Goulart Medeiros, Tel. 2 91 98 52 92, Fax 2 91 98 24 87. Modernes Strandhotel am Westrand von Vila Baleira, großes Sportangebot (Tennis, Fitnessraum, beheizter Pool) und Diskothek.

### Camping
**Parque de Campismo do Porto Santo**, Rua Goulart Medeiros, Tel. 2 91 98 31 11. Westlich der Stadt unweit des Strands gelegen, bietet der Platz Stellflächen für Zelte und Caravans.

### Restaurants
**Mar e Sol**, Campo de Baixo, Tel. 2 91 98 22 69. Das Strandrestaurant bietet regionale und internationale Gerichte. Empfehlenswert sind frisch gegrillter Thunfisch und *Espada*.

*Porto Santo besitzt bekanntlich den schönsten Campingplatz des Archipels*

**Porto Santo** – Campo de Baixo/Salões/Pico do Castelo

*Auf dem Flughafen von Porto Santo wird das Gepäck noch von Hand verladen*

**Calheta**, an der Ponta de Calheta, Tel. 2 91 98 43 80. Fangfrischer, delikat gewürzter Fisch wird vor dem grandiosen Panorama der Felsenküste serviert. Kostenloser Abholservice für Hotelgäste. Besonders zum Sonnenuntergang ein absolutes Muss.

## 37 Salões

*Wo zukünftige Wälder wachsen.*

Man verlässt Vila Baleira nach Norden in Richtung Flughafen (*Aeroporto*) und erreicht schon bald die Abzweigung nach Salões, wo sich das Forstamt von Porto Santo der Aufzucht von *Drachenbäumen, Kiefern* und *Lorbeer* widmet, deren Setzlinge von der Nachbarinsel Madeira stammen. Nach und nach will man so die abgeholzte Insel wieder begrünen. Ein mühseliges, aber um so bewundernswerteres Unterfangen, da es sicherlich einfacher und schneller wäre, wie auf Madeira mit Eukalyptus aufzuforsten.

Nur wenige Kilometer westlich liegt der **Aeroporto** von Porto Santo: Der 1960 eröffnete Flughafen mit seiner 3000 m langen Landebahn dient zivilen und als NATO-Stützpunkt auch militärischen Zwecken. Bis 1964 landeten hier alle Gäste, die ihre Ferien auf Madeira verbringen wollten, das selbst keinen Flughafen besaß.

## 38 Pico do Castelo

*›Burgberg‹ mit fürstlicher Aussicht.*

Der 437 m hohe Pico do Castelo diente den Portosantesen als Zufluchtsort, wenn die Ausguckposten am benachbarten *Pico do Facho* (517 m) ihre Fackeln entzündeten und damit weithin sichtbar Piratenalarm gaben. Von der **Festung**, in die sich die Menschen dann schleunigst flüchteten, sind heute nur noch Ruinen erhalten. Dafür kann man sich etwa 100 m vor dem Gipfel auf einer kanonenbestückten **Aussichtsterrasse** davon überzeugen, dass die Maßnahmen zur Aufforstung der Insel durchaus greifen. Auf winzigen Terrassenfeldern wachsen *Kiefern*, dazwischen stehen einige *Drachenbäume*. Auf dem Gipfel des Pico do Castelo angekommen, erwartet den Spaziergänger ein schöner Fernblick, der die *Südküste* mit ihrem hellen Küstensaum umfasst, auf den die Atlantikwellen weiße Spitzenborten legen. Picknicktische laden hier zur Rast.

Beim Blick über die mit Ausnahme des Frühjahrs graubraunen Ebenen ringsherum wird man nochmals deutlich mit den Unterschieden zwischen den beiden Inseln konfrontiert. Dass Porto Santo so regen- und wasserarm ist, liegt an seiner Oberflächengestalt: Die hiesigen Berge sind verglichen mit den fast an die 2000 m reichenden Gipfeln Madeiras nur

## Pico do Castelo/Camacha

*Früher waren sie das Wahrzeichen der Insel Porto Santo. Heute sind die meisten Windmühlen leider der salzigen Seeluft schutzlos ausgeliefert*

Zwerge. Die Regenwolken bleiben an ihnen nicht hängen, sondern überqueren die Insel, ohne ihren nassen Segen abzuladen.

### 39 Camacha

*Von Wein und Grillhühnchen.*

Zurück auf der Hauptstraße erreicht man Porto Santos *Weinanbaugebiet* um Camacha. Hier wächst der **Verdelho**, ein spritziger Weißwein, der in den Restaurants der Insel ausgeschenkt wird. Wahrzeichen Camachas ist die vom Anfang des 19. Jh. stammende **Windmühle**, in der früher Getreide gemahlen wurde. Porto Santo besitzt ja im Gegensatz zu Madeira als natürliche Energiequelle nur den Wind, weshalb man an vielen Stellen der Insel alte Mühlen sieht, die meisten allerdings in bedauernswertem Zustand. Camacha ist übrigens nicht nur für seinen Verdelho sondern auch für seine ausgezeichneten Grillhähnchen, **Frangos assado**, berühmt. In den beiden Restaurants *Estrela do Norte* und *Torres* kann man sich von deren Qualität überzeugen.

Porto Santo ist wasserarm, doch es besitzt auch einige Quellen. Eine davon ist die **Fonte da Areia**, über eine steil bergab führende Straße von Camacha nach Norden (in Richtung Meer) zu erreichen.

Die *Steilküste* über dem Quellbecken zeigt bizarre, von Meer und Wind abgeschliffene Sandsteinformationen, die wie ein steingewordenes Spiegelbild der gegen die Felsen anbrandenden Wellen aus-

*Nur Steine gibt's und wenig Strauchwerk – ganz schön karg präsentiert sich die Serra de Dentro*

## Porto Santo – Camacha/Serra de Dentro

*Die aufregenden Sandsteinformationen der Fonte da Areia sind das uralte Werk der ewig anbrandenden Meereswellen*

sehen. Die Quelle gilt dank ihres hohen Mineraliengehalts als außerordentlich heilsam – vor allem soll sie bei Darmerkrankungen helfen. Der Besucher darf sich direkt am plätschernden Strahl laben oder kann abgefülltes Wasser am Verkaufsstand erwerben.

*Wenn kein Regen fällt – Porto Santo leidet unter extremem Wassermangel*

### Praktische Hinweise

#### Hotel

**\*\*\*\* Quinta do Serrado**, Camacha, Tel. 2 91 98 22 00, Fax 2 91 98 02 79. Die in Natursteinoptik gebaute Quinta verfügt über 25 Zimmer im portugiesischen Landhausstil, Pool und einen großen Garten.

#### Restaurants

**Estrela do Norte**, Camacha, Tel. 2 91 98 34 00. Ein schöner Ort für die Mittagsrast im Schatten der Windmühlenflügel.

**Torres**, Camacha, Tel. 2 91 98 43 73. Dieser Grillhühnchen-Spezialist serviert als köstliche Alternative auch Tintenfisch.

## 40 Serra de Dentro

*Gelbbraune Landschaft mit grünen Tupfern.*

Vor Camacha geht es nun parallel zur steilen Nordküste nach Osten und Süden. Man umrundet dabei den *Pico do Facho* [s. S. 118] und erreicht den Weiler Serra de Dentro.

Die Landschaft Serra de Dentro sieht besonders im Sommer, wenn das von der Sonne verdorrte Gras die Hügel in ein gelbbraunes Gewand kleidet, sehr herb aus. Mageres Vieh auf der Weide, ein paar winzige Felder dazwischen – der Eindruck ist wirklich »Hungergedanken provozierend«, wie es in einem Artikel über Porto Santo heißt. Doch zeigen immer wieder tiefgrüne Fleckchen, dass versucht wird, der Erosion Einhalt zu gebieten.

Landeinwärts führt die Straße gen Süden weiter bis **Serra de Fora**, auch dies eine winzige Ansammlung teils verlassener Gehöfte, deren einstige Besitzer das Heil in der Flucht nach Madeira gesucht haben. In einige der leer stehenden Häuser sind inzwischen Aussteiger eingezogen. Ein hübsch renovierter Bauernhof dient heute als *Pension* mit vier freundlichen Gästezimmern (s. u.).

Über den Aussichtspunkt **Portela**, der noch einmal die Südküste, diesmal auch mit ihrem felsigen östlichen Teil, und die Leuchtturminsel *Ilhéu de Cima* erschließt, kehrt man zurück nach Vila Baleira oder hält nochmals bei der **Ermida da Nossa Senhora da Graça**. Die im 15. Jh. errichtete Kapelle steht an jener Stelle, an der die Jungfrau Maria zwei jungen Hirten erschienen sein soll. Wie so häufig in madeirensischen Marienlegenden sprudelte nach der Erscheinung eine **Quelle** aus dem Fels. Auch das Wasser dieser Quelle soll Heilkräfte besitzen. Die Kapelle wurde im Verlauf des 19. und der ersten Hälfte des 20. Jh. renoviert und ist alljährlich am 15. August Ort des wichtigsten Heiligenfestes der Insel Porto Santo.

## Praktische Hinweise

### Unterkunft
\*\*\* **Casa do Rosário Coelho**, Serra de Fora, Tel. 2 91 98 43 06, Fax 2 91 98 45 71. Das Bauernhaus stammt aus der ersten Hälfte des 19. Jh. und wurde sorgfältig im Originalstil restauriert. Es ist ein idealer und ruhiger Ausgangspunkt für Spaziergänge zur Ostküste.

### Restaurant
**Teodorico**, Serra de Fora, Tel. 2 91 98 22 57. In dem hübschen Restaurant über dem Ort dreht sich alles um die *Espetada*, die in einem gemütlichen Garten im Freien serviert wird.

*Augenblicke, die man nie vergisst – Porto Santo im Licht der untergehenden Sonne*

# Madeira aktuell A bis Z

## Vor Reiseantritt

**ADAC Info-Service:**
Tel. 01805/101112, Fax 302928
(0,12 €/Min.)

**ADAC im Internet:**
www.adac.de

**Madeira im Internet:**
www.madeiratourism.org
www.madeira-island.com
www.madeira-web.com

Informationen zu Planung und Vorbereitung der Reise erhält man beim **ICEP Portugal Handels- und Touristikamt**

*Deutschland*
Schäfergasse 17, 60329 Frankfurt/M.,
E-mail: dir@icepfra.de
Touristische Informationen unter:
Tel. 01 90/85 99 86, Fax 01 90/85 99 87
(jeweils gebührenpflichtig)

*Österreich*
Opernring 1, 1010 Wien, Tel.
01/5 85 44 50, Fax 5 85 44 45,
E-Mail: icepvie@icepvie.co.at

*Schweiz*
Badener Straße 15, 8004 Zürich, Tel.
01/2 41 00 01, Fax 2 41 00 12, E-Mail:
icep@icep.ch

## Allgemeine Informationen

### Reisedokumente

Für Reisende aus Deutschland, Österreich und der Schweiz genügt der gültige Personalausweis oder Reisepass, für Kinder unter 16 Jahren der Kinderausweis oder Eintrag im Pass eines Elternteils. Wer länger als drei Monate auf Madeira bleiben möchte, muss ein Visum beantragen bei: Policía dos Servicio de Estrangeiros, Rua do Rochinha, Funchal, Tel. 0 03 51/29 12 95 89.

### Kfz-Papiere

Erforderlich sind Führerschein und Fahrzeugschein. Die Internationale Grüne Versicherungskarte wird empfohlen, ebenso der Abschluss einer Kurzkasko- und Insassenunfallversicherung.

### Krankenversicherung und Impfungen

*Auslandskrankenscheine* der Krankenkassen berechtigen zur kostenlosen Behandlung in öffentlichen portugiesischen Krankenhäusern und bei Vertragsärzten. Ratsam ist der Abschluss einer zusätzlichen *Auslands-Reisekrankenversicherung*, die auch die Kosten für einen eventuellen Rücktransport übernimmt.

Für **Hund** und **Katze**: Benötigt wird ein kurz vor Abreise ausgestelltes amtstierärztliches Gesundheitsattest und der Internationale Impfpass mit Nachweis einer Tollwut-Schutzimpfung (mind. 30 Tage, höchstens 1 Jahr alt).

### Zollbestimmungen

Innerhalb der EU dürfen Waren zum eigenen Verbrauch unbegrenzt mitgeführt werden. Zur Abgrenzung von privater und gewerblicher Verwendung gelten folgende Richtmengen: 800 Zigaretten, 400 Zigarillos, 200 Zigarren, 1 kg Rauchtabak, 10 l Spirituosen, 20 l Zwischenerzeugnisse, 90 l Wein (davon max. 60 l Schaumwein) und 110 l Bier.

Für Reisende aus Nicht-EU-Ländern (*Schweiz*) gelten folgende Obergrenzen: 200 Zigaretten oder 50 Zigarren, 2 l Wein, 1 l Spirituosen mit mehr als 22 % alc. oder 2 l unter 22 % alc., 50 ml Parfüm, 250 ml Eau de Toilette, 500 g Kaffee, 100 g Tee.

### Geld

*Währungseinheit* ist der Euro. Die gängigen *Kreditkarten* werden in touristi-

*Madeira bietet ein faszinierendes Kaleidoskop – putzige Touristensouvenirs und einfaches, bäuerliches Leben sind nur zwei Seiten der Blumeninsel. Ob mit Madeira-Wein, beim Baden oder bei fröhlichen Festen – unbeschwerter Genuss ist garantiert*

## Allgemeine Informationen

schen Zentren sowie in Banken, Hotels und vielen Geschäften akzeptiert. Es gibt ein Netz von ›mehrsprachigen‹ *EC-Geldautomaten (Multibanco)*, an denen man rund um die Uhr Geld abheben kann. Auch mit der *Postbank SparCard* erhält man an VISA-PLUS-Automaten Geld (max. 2000 € im Monat).

### Tourismusämter im Land

**Direcçao Regional de Turismo**, Av. Arriaga 18, 9000 Funchal, Tel. 2 91 21 19 00, Fax 2 91 23 21 51. Regionale Auskunftsstellen sind unter ›Praktische Hinweise‹ beim jeweiligen Ort aufgeführt.

### Notrufnummern

**Polizei, Feuerwehr, Unfallrettung:** Tel. 112
**Pannenhilfe des ACP:** Tel. 2 91 75 87 21
**ADAC-Notrufstation** (in Spanien für Portugal): Tel. 00 34/ 9 35 08 28 08
**ADAC-Notrufzentrale München:** Tel. 00 49/89/22 22 22 (rund um die Uhr)
**ADAC-Ambulanzdienst München:** Tel. 00 49/89/76 76 76 (rund um die Uhr)
*Österreichischer Automobil Motorrad und Touring Club*
**ÖAMTC Schutzbrief Nothilfe:** Tel. 00 43/(0)1/2 51 20 00
*Touring Club Schweiz*
**TCS Zentrale Hilfsstelle:** Tel. 00 41/(0) 2 24 17 22 20

### Diplomatische Vertretungen

*Deutschland*
**Honorarkonsulat der Bundesrepublik Deutschland**, Ricardo Dumont dos Santos, Largo do Phelps 6, 1. Stock, Postfach 300, 9000 Funchal, Tel. 2 91 22 03 38, Fax 2 91 23 01 08, Mo–Fr 10–12 Uhr.

*Österreich*
**Österreichisches Konsulat**, c/o Milcours, Rua Imperatriz Donna Amelia 4, 9000 Funchal, Tel. 2 91 20 61 00, Fax 2 91 28 16 20, Mo–Fr 9–12.30 und 14.30–18 Uhr.

*Schweiz*
**Schweizerische Botschaft**, Travessa do Jardim, 1350–185 Lissabon, Tel. 2 13 94 40 90, Fax 2 13 95 59 45.

### Besondere Verkehrsbestimmungen

*Tempolimits* (in km/h): für alle motorisierten Verkehrsteilnehmer innerorts 50. Pkw, Motorräder und Wohnmobile bis 3,5 t außerorts 90 bzw. 100 (ausgeschildert), auf Autobahnen 120. Wohnmobile über 3,5 t außerorts 80 bzw. 90, auf Autobahnen 110. Pkw mit Anhänger außerorts 70 bzw. 80, auf Autobahnen 100.

Fahrer, die den *Führerschein noch kein ganzes Jahr* besitzen, dürfen höchstens 90 km/h fahren. Wohnmobile und Anhänger sind bis zu 2,5 m Breite und 12 m Länge zugelassen, Gespanne bis zu 18 m Gesamtlänge.

*Manchmal ist die Straßenführung auf den ersten Blick ganz schön verwirrend – doch der rechte Weg ist fast immer schnell gefunden*

Rechts hat *Vorfahrt*, jedoch motorisierte Fahrzeuge immer vor Radfahrern und Fuhrwerken. *Telefonieren* während der Fahrt ist verboten.

Die *Promillegrenze* liegt bei 0,5

**Hinweis:** Die Madeirenser fahren sehr spontan und nicht immer vorschriftsmäßig. Riskante Überholmanöver auf den kurvenreichen, schmalen Straßen erfordern vom Entgegenkommenden höchste Aufmerksamkeit, ebenso die Vorliebe, auf der Straßenmitte zu fahren. Vorsicht vor allem auf den Bergstraßen: Lkws und Busse rasen oft mit erstaunlichem Tempo bergab, Platz für Ausweichmanöver ist kaum vorhanden. Den Stadtverkehr von Funchal, der in den Stoßzeiten beängstigende Ausmaße annehmen kann, sollte man besser meiden. Ohnehin kommen Ortsfremde mit dem Gewirr bergauf und bergab führender Einbahnstraßen kaum zurecht.

### Etikette

Zeigen Sie Respekt vor der Religiosität der Madeirenser – tragen Sie bei *Kirchenbesichtigungen* dezente Kleidung, verzichten Sie auf allzu störendes und aufdringliches Fotografieren. Das gilt auch für *Wallfahrten* an hohen kirchlichen Feiertagen. Wenn Sie Menschen fotografieren wollen, sollten Sie vorher unbedingt deren Zustimmung einholen, sonst kann es passieren, dass diese wütend reagieren.

Die passende *Kleidung* ist schließlich auch in Hotels und Restaurants ein Thema. Zum Abendessen oder zum Nachmittagstee sollte man dem Anlass entsprechend angezogen sein; Freizeitlook wird dabei nicht gern gesehen.

### Uhrzeit

Es gilt die Westeuropäische Zeit (WEZ), von der MEZ muss man eine Stunde abziehen.

## Anreise

### Flugzeug

Am bequemsten und schnellsten erreicht man Madeira mit einem Charter- oder Linienflug: In etwa dreieinhalb Stunden ist man von Deutschland aus beispielsweise mit der LTU auf der Insel (Abflug Donnerstag), länger dauert es mit der portugiesischen Fluglinie TAP (Umsteigen in Lissabon). Zur Weiterreise nach Porto Santo [s. S. 135].

*Schneller geht's, wenn man die Karten direkt zur Post bringt*

### Schiff

Einen regelmäßigen Fährverkehr gibt es nicht; zahlreiche Kreuzfahrtschiffe stoppen auf Madeira, die wenigsten bleiben allerdings länger als einen Tag.

## Bank, Post, Telefon

### Bank

Banken sind Mo–Fr 8.30–15 Uhr geöffnet, einige auch Sa 9–13 Uhr.

### Post

Öffnungszeiten in der Regel Mo–Fr 9–12.30 und 14–17.30 Uhr. Das Hauptpostamt von Funchal, Av. Zarco, ist Mo–Fr 9–22, Sa 9–12.30 Uhr geöffnet. Briefmarken (*Selos*) erhält man auch in Läden, die Ansichtskarten verkaufen. Eine Postkarte nach Mitteleuropa kostet 0,54 € und ist mindestens eine Woche unterwegs.

### Telefon

**Internationale Vorwahlen:**
Portugal 00 351
Deutschland 00 49
Österreich 00 43
Schweiz 00 41

In Portugal sind die einstigen Ortsvorwahlen fester Bestandteil jeder Teilnehmernummer und werden immer mitgewählt, auch im jeweiligen Ortsnetz.

Bank, Post, Telefon – Einkaufen

*Ziehen Sie sich warm an! Wer Pullover und Mütze vergessen hat, kann sich an den Souvenirständen preiswert einkleiden*

In Funchal und Caniço gibt es zahlreiche Telefonzellen, die meisten mit Kartentelefon. **Telefonkarten** (*Cartão credifone*) erhält man in den Telecom-Filialen, die den Postämtern angeschlossen sind, und in Tabakläden (*Tabacarías*). In ländlichen Regionen ist das öffentliche Telefonnetz nicht so gut ausgebaut.

Die Benutzung handelsüblicher **Mobiltelefone** ist auf ganz Madeira möglich. Man sollte sich jedoch vor Reiseantritt über das günstigste Netz vor Ort informieren und das eigene Mobiltelefon entsprechend programmieren.

### Einkaufen

**Öffnungszeiten:** Mo–Fr 9–13 und 15–19 Uhr, teilweise länger, Sa meist nur 9–13 Uhr. Die Geschäfte in der City von Funchal und in den Einkaufszentren haben fast alle durchgehend geöffnet, teilweise sogar 10–22 Uhr.

Die bekanntesten, beliebtesten Madeira-Mitbringsel sind **Stickereien** [s. S. 76]. In den großen Souvenirgeschäften von Funchal gibt es eine Riesenauswahl, die aufgestickten Motive variieren je nach Jahreszeit. Um Weihnachten dominieren beispielsweise Sets, Tischdecken und Servietten mit den rot-grünen Weihnachtssternen, während sich im Frühjahr die neu erblühenden Blumen wie Lilien in den Handarbeiten wiederfinden. Madeira-Stickereien sind ein außerordentlich kunstvolles, aber auch sehr teures Souvenir. Wer so tief in die Tasche greifen möchte, sollte sich auch das Sortiment traditioneller Tischwäsche-

*Die Blumeninsel Madeira lässt grüßen – Calla sind sehr haltbar und überstehen auch den Transport nach Hause ohne Probleme*

Einkaufen – Essen und Trinken

Geschäfte ansehen, deren Angebot sich am Geschmack der wohlhabenden einheimischen Kunden orientiert und häufig dezenter ist als jenes der Souvenirshops.

Ein mindestens ebenso beliebtes Souvenir ist der **Madeira-Wein** [s. S. 128], den man in mehreren Kellereien vor dem Kauf verkosten kann. Übrigens gibt es Madeira-Wein in den großen Supermärkten zu wesentlich günstigeren Preisen als in den Kellereien – das Vergnügen der Verkostung und die große Auswahl fallen dabei natürlich weg. Immer beliebter als Mitbringsel werden **Schnittblumen**. Vor allem Strelitzien, aber auch Calla und Orchideen werden von zahlreichen Blumengeschäften reisefertig verpackt. Zu Hause hält der blühende Gruß aus Madeira mit etwas Glück noch ein bis zwei Wochen. **Korbwaren** aus Camacha sind sehr schön gearbeitet und werden ebenfalls so verpackt, dass sie den Heimflug gut überstehen. Die meisten **exotischen Früchte** wie Anonas (*Cherimoya* oder Zuckerapfel) und Maracujas eignen sich leider nicht für den Heimtransport. Wer sie unreif mitnimmt, wird wenig Freude daran haben, denn unter mitteleuropäischen Bedingungen ausgereift entfalten sie nicht das typische Aroma. **Strickpullover** und **-mützen** werden zumeist an Souvenirständen nahe bei den Ausflugszielen außerhalb von Funchal angeboten und sind sehr preiswert und von guter Qualität. Mehrere Geschäfte in Funchal verkaufen schicke und modische **Kleidung** aus Portugal.

*Das sollten Sie probieren – die Espada mit Bananen ist eine madeirensische Spezialität*

## Essen und Trinken

Madeiras Küche verbindet portugiesische Tradition mit englischem Einfluss. Beim **Frühstück** (*Café da manhã*) dominiert die südeuropäische Kultur: Ein kleiner Kaffee und dazu ein Croissant oder Brioche, meist im Stehen an einer Café-Bar eingenommen, reichen bis zum Mittagessen. In den Hotels wird dagegen ein umfangreiches kontinentales oder englisches Frühstück serviert: Porridge, Rührei mit Speck und Bratwürstchen gehören überall zum Standard.

Das **Mittagessen** (*Almoço*) wird zwischen 12.30 und 14.30 Uhr, das **Abendessen** (*Jantar*) zwischen 19.30 und 21.30 Uhr serviert. Zwei *Gemüsesuppen* stehen als Vorspeisen auf der Speisekarte guter

*Knoblauch und Olivenöl dürfen nie fehlen – deftig und gut gewürzt kommen Madeiras Fleisch- und Fischgerichte auf den Tisch*

Essen und Trinken

## Auf hoher See gereifter Tropfen

*Echter ›Madeira‹ ist kein Wein, den man zum Essen trinkt. Je nach Geschmacksrichtung eignet er sich als* **Aperitiv** *oder als* **Dessertwein** *vor bzw. nach einem frugalen Mahl. Seine Entstehung verdankt er einem Zufall: Die wundersame Verwandlung des stark säuerlichen Gebräus, das madeirensische Seefahrer vor 400 Jahren auf ihre Schiffe luden, bevor sie auf große Atlantikfahrt in Richtung Südamerika starteten, zu einem leicht nussig schmeckenden, edlen Tropfen, vollzog sich in den geladenen Fässern offensichtlich dank der Wärme bei der Überquerung des Äquators.*

*Heute wird dieser Reifungsprozess in riesigen, durch Heizrohre auf bis zu 50 °C erhitzten Metallfässern künstlich nachgestellt und der Wein danach ebenso langsam wieder abgekühlt. Der dabei entwichene Alkohol wird ersetzt und der Wein durch Verschnitt mit anderen Sorten veredelt. Erst dann kommt er in* **Holzfässer**, *in denen er mindestens 18 Monate ruhen muss.*

*Das Verfahren verändert nicht nur den Geschmack, es verleiht dem ›Madeira‹ auch eine nahezu unbegrenzte Haltbarkeit.*

*Madeira-Wein ist ein sehr edles und eher kostspieliges Mitbringsel*

*Jedes der großen Weinhäuser Madeiras hütet seine besonderen Rezepturen, verwendet mehr oder weniger schonende Techniken der Erhitzung und lagert die jeweiligen Sorten in Fässern, deren spezifische Holzart den Geschmack des edlen Tropfen noch weiter verfeinert. Grob lassen sich drei ›Madeiras‹ unterscheiden:* **Sercial**, *dessen Trauben aus der Umgebung von Seixal an der Nordküste stammen und als letzte im November geerntet werden, ist der trockenste und eignet sich hervorragend als Aperitif.* **Boal** *ist nicht ganz so herb und besitzt einen leichten Nussgeschmack, während* **Malvasia** *(auch Melmsey genannt) mit seiner weichen Süße den idealen Dessertwein abgibt.*

**Restaurants:** **Caldo verde**, eine klare Suppe mit Weißkrautstreifen, und **Sopa de tomate e cebola**, eine mit grob geschnittenen Zwiebeln gekochte Tomatensuppe, die einige Köche vor dem Servieren noch mit einem pochierten Ei anreichern. Brotsuppe, **Açorda**, das traditionelle Arme-Leute-Gericht, bekommt man in Restaurants nur selten. Zur Suppe wird häufig selbstgebackenes Fladenbrot gereicht, **Bolo de caco**. Der leicht süßliche Geschmack stammt von den beigemengten gestampften Süßkartoffeln. In einigen Restaurants werden als Entree auch **Lapas** (Napfschnecken) mit Knoblauchöl serviert.

*Eintopfgerichte* spiegeln die Gemüsevielfalt Madeiras, doch stehen sie recht selten auf der Speisekarte der Restaurants: **Caldeirada de peixe** ist ein der Bouillabaisse ähnelnder Fischeintopf. Die Gemüsebasis bilden Tomaten, Zwiebeln und Kartoffeln, die Fischeinlage hängt vom jeweiligen Fang ab. **Cozido** heißt ein ähnliches Eintopfgericht, das mit Fleisch und Wurst angereichert wird. Dabei spielt die scharfe Knoblauchwurst **Chouriço** eine besonders wichtige Rolle im Orchester der würzigen Geschmackskomponenten.

**Rindfleisch** (*Carne de boi*) ist auf Madeira recht teuer, doch es ist in zahlreichen Variationen wichtiger Bestandteil jedes international orientierten Restaurant-Menüs. Eine typisch madeirensische Spezialität ist der Rindfleischspieß **Espetada**. Die großen, mit viel Knoblauch gewürzten Fleischstücke werden auf Lorbeerholz-Spießen über einem aromatischen Holzkohlefeuer gegrillt. Seit Lorbeer unter strengem Naturschutz steht, werden übrigens meist gusseiserne Spieße verwendet, was den Geschmack etwas verändert. Die Fleischspieße werden an einem Haken über dem Tisch eingehängt, und der Gast holt sich dann Stück für Stück auf seinen Teller herunter. **Leitão assado** ist eine köstliche madeirensische

Essen und Trinken – Feste und Feiern

Variante der Spanferkelzubereitung. Wie die Espetada erhält auch das Spanferkel sein Aroma durch das duftende Holz, auf dem es gegrillt wird, und durch große Mengen Knoblauch und Lorbeergewürz. Das Geflügelangebot ist stark am Geschmack der Besucher orientiert: Backhähnchen, **Frango assado**, mit Pommes frites findet man auf jeder Speisekarte.

Unerschöpflich wie das Meer um Madeira ist die Vielfalt der **Fische**, Krustentiere und Meeresfrüchte, die meist ebenfalls mit Knoblauch gegrillt auf den Tisch kommen. Stockfisch, **Bacalhau**, ist bei den Madeirensern besonders beliebt und wird häufig als Auflauf mit Kartoffeln und gekochten Eiern zubereitet, **Bacalhau à bràs**. Wer den etwas strengen Geschmack des getrockneten Fisches nicht mag, kann zu Thunfisch, **Atum**, greifen, der gegrillt, gedünstet oder als Salat serviert wird. Unbedingt probieren sollte man den **Espada preta**, den schwarzen Degenfisch: Traditionell wird er im Teigmantel gebacken und mit Bananen serviert, man kann ihn aber auch gegrillt bestellen.

Als Beilagen reicht man neben Reis oder Pommes frites in Folie gebackene Kartoffeln und gelegentlich auch **Milho frito**, würfelförmige Maisgrießschnitten, die mit Knoblauch in Öl ausgebraten werden. Die Gemüsebeilagen beschränken sich leider häufig auf Karotten und Erbsen aus der Dose. Dass es auch anders geht, beweisen einige wenige, im Haupttext empfohlene Restaurants, die z.B. mit Speck gedünstete grüne Bohnen oder weiße Bohnen in Tomatensauce, **Feijão guisado**, offerieren.

**Desserts** aus den exotischen Früchten Madeiras runden das Menü ab: Entweder ›pur‹ in der Obstschale angerichtet oder zu Cremes, Sorbets oder Eis verarbeitet entfalten Mangos, Ananas, Papayas, Maracujas und Bananen ihren köstlichen Geschmack. Eigentlich ein Weihnachtsgebäck, erfreut sich das Honigkuchen **Bolo de mel** inzwischen das ganze Jahr über großer Beliebtheit. Zubereitet wird er übrigens nicht aus Honig, sondern aus Zuckersirup. Das Essen beschließt ein **Bica**, ein scharf gerösteter schwarzer Kaffee. Dazu kann man Zuckerrohrschnaps, **Aguardente**, bestellen. Köstlichkeiten für zwischendurch gibt es in den **Pastelarías**, die besonders in Funchal verlockend sortiert sind. Das Blätter- oder Hefeteiggebäck ist meist mit Frucht- oder Vanillecreme gefüllt und sehr süß. Im Herbst werden in den Straßen von Funchal frisch geröstete Kastanien, **Castanhas**, verkauft. Sie werden pur gegessen oder mit Zucker bestäubt.

Ein Erbe der Briten wird auf Madeira besonders hoch gehalten: der **Five o'clock tea**. Nicht nur im ›Reid's‹, auch in zahlreichen Café-Restaurants oder Teehäusern wie dem ›Golden Gate Café‹ in Funchal wird der Nachmittagstee als stilvolles Ritual zelebriert. Neben Tee und Kaffee gibt es auf Madeira alle gängigen Softdrinks, Mineralwasser mit und ohne Kohlensäure, **Agua Mineral com gas/sem gas**, sowie frisch gepresste Fruchtsäfte. **Bier** der Marken Coral und Super Bock wird in Madeira abgefüllt oder kommt aus Portugal, außerdem kann man europäische Importbiere bekommen, die allerdings wesentlich teurer sind. Beliebter als Bier ist **Wein**. Er wird aus Portugal eingeführt oder stammt von Böden, die nicht für Madeira-Reben geeignet sind. An heißen Tagen schmeckt der leicht moussierende Weißwein **Vinho verde** am besten zum Essen. Der **Madeira** selbst ist übrigens ein Dessertwein.

## Feste und Feiern

### Feiertage

1. Januar: Neujahr *(Ano Novo)*, Februar: Faschingsdienstag *(Terça-feira de Carnaval)*, März/April: Karfreitag *(Sexta-*

*Feste feiern wie sie fallen – fast jeden Sonntag wird in einem Ort der Insel einem Schutzpatron gehuldigt*

# Feste und Feiern – Klima und Reisezeit

*Die kleine vierseitige Gitarre Ukulele stammt angeblich von Madeira und wurde von Auswanderern nach Hawaii gebracht*

feira Santa), 25. April: Jahrestag der Nelkenrevolution 1974 *(Dia da Liberdade)*, 1. Mai: Tag der Arbeit *(Dia do trabalho)*, Juni: Fronleichnam *(Corpo de Deus)*, 10. Juni: Todestag von Luís de Camões *(Dia de Portugal)*, 15. August: Mariä Himmelfahrt *(Assunção)*, 5. Oktober: Ausrufung der Republik 1910 *(Dia da República)*, 1. November: Allerheiligen *(Todos os Santos)*, 1. Dezember: Befreiung von der spanischen Fremdherrschaft 1640/Unabhängigkeitstag *(Dia da Restauração)*, 8. Dezember: Mariä Empfängnis *(Conceição Imaculado)*, 25. Dezember: Weihnachten *(Natal)*.

## Feste

### Februar
**Funchal:** *Carnaval*. Buntes Karnevalstreiben und Umzüge am Faschingssamstag und -dienstag.

### April/Mai
**Funchal:** *Festa da Flor*. Beim Blumenfest Ende April/Anfang Mai ist die ganze Stadt blumengeschmückt, blumenbekränzte Wagen fahren zur Parade durch die Straßen, die Madeirenserinnen verkleiden sich fantasievoll als Blüten.
**Funchal** (13. 5.): *Nossa Senhora de Fátima*. Prozession zu Ehren der Madonna von Fátima.

### August
**Monte** (14./15. 8.): *Nossa Senhora do Monte*. Bei der bedeutendsten Wallfahrt Madeiras rutschen die Pilger auf Knien die Stufen zur Kirche hinauf.

### Dezember
**Madeira** (8. 12.): Der Feiertag *Mariae Unbefleckte Empfängnis* markiert den Beginn der Vorweihnachtszeit. Alle Orte sind dann mit Girlanden, Sternen und Engeln aus Tausenden von Glühbirnen geschmückt.

**Funchal** (24. 12.): Um Mitternacht feierliche *Messe* in der *Kathedrale Sé*. Geschäfte und der Mercado dos Lavradores sind bis tief in die Nacht hinein geöffnet.

**Funchal** (31. 12.): *Fogo de Artifício*. Das Riesenfeuerwerk in der Silvesternacht wird vom Tuten der Kreuzfahrtschiffe begleitet. Traditionell wird Silvester im großen Kreis bei einem üppigen Abendessen begangen.

## Klima und Reisezeit

Das ganze Jahr über ›badet‹ Madeira in einem angenehmen, milden Klima. Das Wetter wird jedoch von mehreren Faktoren bestimmt, deren Zusammenspiel für raschen Wechsel sorgen kann. Die Oberflächengestaltung Madeiras mit den bis knapp 2000 m hohen Bergen schafft eine **Klimascheide** zwischen *Nord-* und *Südküste*. So kommt es vor, dass an der Nordküste Regen fällt, während es an der Südküste strahlend schön ist. Da der Wind vorherrschend aus Nordwesten weht, ist häufig auch der äußerste Westen der Insel von Regen betroffen, während der Südosten (Punta de Saõ Lourenço) unter großer Trockenheit leidet. Große Klimaunterschiede bestehen auch zwischen den **Höhenlagen**. Bis etwa 400 m herrscht warmes, an der Südküste zumeist auch trockenes Wetter vor. Zwischen 400 und 1000 m häufen sich Bewölkung und Niederschläge, an der Südküste besonders in den Nachmittagsstunden, und es ist merklich kühler. Über 1000 m befindet man sich bei schlechtem Wetter in den Wolken, es ist feuchtkalt und nass. Ab etwa 1500 m ist die Wolkenschicht meist überwunden und man blickt von den Gipfeln der höchsten Berge auf das weiße Wattemeer hinunter. Es kann empfindlich kalt werden (im Winter fällt gelegentlich Schnee).

*Spätherbst* und *Winter* sind wegen der häufigeren Niederschläge für Ferien an der Nordküste und Wanderungen nicht besonders geeignet. In Funchal aber kann man dann noch die milde Sonne genießen. Wanderer finden im *Frühjahr* und *Frühsommer* angenehme Temperaturen und eine relativ hohe Wetterstabilität vor. Noch mehr Sonnenscheingarantie hat der Besucher im Juli und August. Die Insel *Porto Santo* ist relativ flach, nur im Winter regnet es hier manchmal.

## Klimadaten Madeira

| Monat | Luft (°C) min./max. | Wasser (°C) | Sonnenstd./Tag | Regentage |
|---|---|---|---|---|
| Januar | 13/18 | 18 | 5 | 7 |
| Februar | 13/18 | 17 | 6 | 6 |
| März | 13/19 | 17 | 6 | 7 |
| April | 14/19 | 17 | 7 | 4 |
| Mai | 15/20 | 18 | 8 | 2 |
| Juni | 17/22 | 20 | 6 | 1 |
| Juli | 19/23 | 21 | 8 | 0 |
| August | 19/24 | 22 | 8 | 1 |
| September | 19/25 | 23 | 7 | 2 |
| Oktober | 18/23 | 22 | 6 | 7 |
| November | 16/21 | 20 | 5 | 7 |
| Dezember | 14/19 | 19 | 5 | 7 |

bieten auch die Madeira-Websites. Hier die wichtigsten Termine:

### Juni
**Funchal:** *Festival de Música da Madeira.* Beim Madeira-Musik-Festival mit nationalen und internationalen Interpreten werden klassische Konzerte in den Kirchen veranstaltet.

### August
**Madeira** (1. August-Wochenende): *Ralì Vinho Madeira.* Madeira-Wein-Rallye, die über die ganze Insel führt und zu den gefährlichsten Autorennen in Europa zählt. Die meisten Straßen werden nicht gesperrt, so dass sich der ›normale‹ Autofahrer urplötzlich zwischen den röhrenden Motoren wiederfinden kann. Vorsicht ist auch geboten, wenn die Teams im Vorfeld trainieren.

### September
**Funchal, Câmara de Lobos** (3. Sonntag): *Festa do Vinho Madeira.* Madeira-Wein-Fest mit Weinproben, Theateraufführungen und Folkloreveranstaltungen.

## Kultur live

Das ganze Jahr über finden auf Madeira thematische **Festivals** statt. Sie widmen sich der Pflege klassischer Musik, des Theaters oder dem Motorsport. Die Tourismusbüros [s. ›Praktische Hinweise‹] informieren über die aktuellen Veranstaltungen. Eine Event-Vorschau

*In den Nachtclubs von Funchal kann so manche Samstagnacht zum Tage werden*

## Nachtleben

Funchal bietet mit Casino und Diskotheken ein reges, abwechslungsreiches Unterhaltungsprogramm für Nachtschwärmer [s. S. 35]. Außerhalb der Hauptstadt ist das Angebot eher mager, nur in größeren Hotels werden gelegentlich Folkloreabende organisiert.

## Sport

Selbstverständlich verfügen alle Hotels gehobenen Standards über Swimmingpools, Tennisplätze, Minigolfanlagen und andere sportliche Einrichtungen.

### Baden

Es gibt nur wenige natürliche Strände auf Madeira. Meist sind es kleine Buchten mit großen Kieselsteinen. Einzig an der *Ponta de São Lourenço* gibt es einen winzigen Sandstrand [s. S. 95]. Von den am Meer gelegenen Hotels führen Leitern über die Felsklippen ins Meer. Einige besitzen außerdem Meerwasserschwimmbecken. Ungetrübte Badefreuden am 9 km langen Sandstrand kann man jedenfalls auf der Nachbarinsel *Porto Santo* [s. S. 116] genießen.

# Sport – Statistik

*Trainingsrunden im Pool, bevor es in die offene See geht – mehrere gute Schulen bereiten Anfänger auf ihre ersten Tauchgänge vor*

## Golf

Freunden des grünen Sports stehen auf Madeira zwei in herrlicher Landschaft mit Blick über die Südküste gelegene Golfplätze zur Verfügung: bei *Santo António da Serra* [27 Loch, s. S. 85] und bei *Funchal* [18 Loch, s. S. 41].

## Segeln

Segeltörns entlang der Küste können bei mehreren Unternehmen in *Funchal* oder *Caniço de Baixo* gebucht werden. Reizvoll ist eine Fahrt mit dem Nachbau des Kolumbus-Schiffes ›Santa Maria‹ [s. S. 34]. *Ventura-Sailing* unternimmt als einziger Veranstalter Segelexkursionen zu den *Ilhas Desertas* [s. S. 34].

## Surfen

Windsurfer finden wegen des starken Seegangs und der schroffen Felsenküste keine guten Bedingungen auf Madeira vor, während die Region um *Porto Santo* als gutes Surfrevier gilt.

## Tauchen und Schnorcheln

Tauchbasen gibt es in *Funchal*, *Machico* und in *Caniço de Baixo*. Erfahrene Taucher können Exkursionen zu den schönsten Tauchgründen rund um die Insel unternehmen. Neulinge müssen zunächst einen Kurs für den Tauchschein absolvieren. *Schnorcheln* kann man dank der klaren Gewässer überall. Da sich die Inselgestalt auch unter Wasser sehr steil fortsetzt und die meisten Meeresbewohner in größerer Tiefe leben, ist der Artenreichtum allerdings nur dort groß, wo Fische von den einheimischen Tauchveranstaltern ›angefüttert‹ wurden.

## Wandern

Auf der Insel gibt es Wanderwege aller Schwierigkeitsgrade. Im Rahmen eines kleinen Spaziergangs oder einer anspruchsvollen Tour lernt man Madeira besonders intensiv kennen. Die meisten im Haupttext dieses Reiseführers vorgeschlagenen Touren sind auch von untrainierten Wanderern und von Familien mit Kindern zu bewältigen.

## Statistik

**Lage:** Madeira und die dazugehörigen Inseln Porto Santo, Desertas und Selvagens (*Arquipélago do Madeira*) liegen im Atlantischen Ozean, 500 km westlich vor der Nordwestküste Afrikas, etwa auf der Höhe von Marrakesch. Vom Mutterland Portugal ist Madeira ca. 1000 km entfernt. Madeira selbst hat eine Fläche von 741 km$^2$, das gesamte Archipel erreicht 794 km$^2$. Die 57 km lange und bis zu 22 km breite Insel hat eine elliptische Form. Durch die geringen Abmessungen sollte man sich nicht täuschen lassen: Die hohen Gebirge im Inselinneren und die kurvigen Straßen lassen schnelle Fahrten zwischen Süd- und Nordküste nicht zu. Höchste Erhebung Madeiras ist der Pico Ruivo (1861 m).

**Bevölkerung:** 255 000 (2001)

**Hauptstadt:** Funchal (104 000 Einw.)

**Verwaltung:** Auf Madeira gibt es inkl. Porto Santo 13 Verwaltungskreise (*Concelhos*) mit 50 Gemeinden. Madeira und das Archipel sind eine autonome Region Portugals, die vom Mutterland nur in außenpolitischen Fragen vertreten wird und innenpolitisch über große Selbstständigkeit verfügt.

**Wirtschaft:** Landwirtschaft und Fischfang spielen auf Madeira eine untergeordnete Rolle. Mit lediglich 4% schlägt dieser primäre Sektor im Bruttoinlandsprodukt (BIP) zu Buche; ihm folgt der sekundäre Sektor (verarbeitende Industrie) mit 19%. Das Gros der Wirtschaftsleistung wird im tertiären Sektor, Dienstleistung und Handel, erarbeitet (77%). Die Landwirtschaft hat nicht nur mit den schwierigen Anbaubedingungen zu kämpfen, die durch die topografische Beschaffenheit Madeiras vorgegeben sind, sondern auch mit Handelsbestimmungen der EU: Ein Teil der auf der Insel gezogenen Bananen, 20% der landwirtschaftlichen Produktion, entspricht nicht den EU-Normen. Dennoch führen Bananen die Liste der Exportgüter an, gefolgt von Schnittblumen, Wein, Korbwaren und Stickereien. Ein stetig wachsender Wirtschaftszweig ist der Tourismus – sein Anteil am BIP beträgt 10% –, und er beschäftigt direkt und indirekt etwa 15 000 Menschen, rund 15% der berufstätigen Bevölkerung. Etwa 20 000 Hotelbetten stehen inzwischen bereit. Die Wirtschaftsleistung pro Einwohner entspricht mit rund 10 000 € in etwa jener des Mutterlandes (im Vergleich Deutschland ca. 25 000 €). Die Arbeitslosigkeit vor Jahren noch bei 5% ist dank EU-Fördermaßnahmen deutlich gesunken.

## Unterkunft

Generell ist es preiswerter, Hotel und Flug im Rahmen einer *Pauschalreise* zu buchen, anstatt die Zimmer vor Ort zu mieten. Als Urlaubsstandorte sind *Funchal* und *Caniço de Baixo* günstig, da von ihnen aus alle Punkte der Insel in Tagesausflügen erreichbar sind. Wer viel wandern möchte, sollte allerdings Unterkünfte in der Nähe der jeweiligen Wanderregion reservieren, da man besonders an der Nordküste früh aufbrechen muss, um vom schönen Vormittagswetter zu profitieren. Die meisten Buchungen kann man

*Die Landwirtschaft auf Madeira hat zwar mit schwierigen Anbaubedingungen zu kämpfen, doch nach wie vor gehören Bananen zu den Exportschlagern*

Unterkunft – Verkehrsmittel im Land

*Es lohnt sich zu fragen – meist hat auf Madeira oder Porto Santo niemand etwas dagegen, wenn man seine Zelte in der freien Natur aufschlägt*

bequem per E-Mail über die Madeira Websites vornehmen. Das kostenlose *Unterkunftsverzeichnis* des ICEP [s. S. 123] erhältlich auch im Touristenbüro Funchal [s. S. 34], listet Hotels, Quintas, Pensionen und Privatvermieter auf Madeira und Porto Santo auf. Die Unterkünfte werden in Kategorien eingeteilt: Hotels (5–2 Sterne), Apartments (4–2 Sterne), Pensionen (3–1 Sterne), Touristenapartments (1–2 Sterne), Touristendörfer, Inns und Quality Inns, Manor Houses (Landgüter) und Rural Tourism (Privatzimmer auf dem Land). Die Klassifizierung – und das Auffinden eines bestimmten Hotels – ist durch diese Einteilung relativ schwierig, denn eine Quinta etwa kann je nach Zuordnung als Vier-Sterne-Hotel oder als Manor House geführt werden. Das Luxushotel Quinta Casa Velha do Palheiro z. B. versteckt sich unter der Sparte ›5* Quality Inns‹.

## Camping

Auf dem Madeira-Archipel gibt es drei Campingplätze. Der größte befindet sich in *Porto Moniz* an Madeiras Nordküste. In einem Naturschutzgebiet oberhalb von Funchal liegt der Platz *Montado do Pereiro*. Porto Santo bietet Camping bei *Vila Baleira* in Strandnähe. Auskunft:
**Madeira Camping Service**, Estrada Monumental, Hotel Baia Azul, Funchal, Tel. 2 91 77 67 26, Fax 2 91 76 20 03, Internet: www.madeira-camping.com

## Pousadas

Pousadas sind Pensionen bzw. Hotels im Inselinneren am Ausgangspunkt wichtiger Wanderwege. Sie stehen unter staatlicher Verwaltung, haben nur wenige Gästezimmer, die man folglich rechtzeitig reservieren sollte.

## Quintas

Quintas hießen früher die villenähnlichen Häuser der wohlhabenden Madeirenser. Wer heute eine Quinta bucht, kann aber nicht davon ausgehen, dass er in einem klassizistischen Schmuckstück absteigt – ebenso gut kann es sich um ein modernes Hotel handeln. Zu einer Quinta gehört jedoch immer ein schöner Garten und individueller Service, die meist-Quintas haben weniger als 20 Zimmer.

## Verkehrsmittel im Land

### Bus

Madeira besitzt ein sehr gut ausgebautes Netz von Bussen, mit denen man von Funchal aus so gut wie alle wichtigen Orte der Insel erreichen kann. Abgelegene Ziele wie Porto Moniz werden zwar nur selten angefahren, entlang der Südküste und zu den Ausflugszielen um Funchal bestehen aber zumeist hervorragende, schnelle Verbindungen. Aktuelle Fahrpläne gibt es beim Touristenbüro, Fahr-

## Verkehrsmittel im Land

kartenschalter an der Avenida do Mar in Funchal.

### Flugzeug

Mit der TAP von Madeira nach Porto Santo (im Sommerhalbjahr 10 Flüge täglich, im Winterhalbjahr weniger, Flugdauer 20 Min.) kosten Hin- und Rückflug etwa 75 €, Tel. 2 91 23 92 52.

### Mieträder

**Joyride**, Centro Comercial Olimpo, Av. do Infante, Funchal, Tel. 2 91 23 49 06. Vermietung von Motorrädern, Vespas und Mountainbikes.

### Mietwagen

Neben lokalen Anbietern sind auch die großen internationalen Mietwagenfirmen auf Madeira vertreten. Die **ADAC Autovermietung GmbH** bietet für Mitglieder günstige Bedingungen, Buchungen über die Geschäftsstellen oder unter Tel. 0 18 05/31 81 81 (0,12 €/Min.).
Das *Mindestalter* bei der Vermietung ist 21 Jahre. Das *Tankstellennetz* ist im Süden sehr dicht, im Norden etwas dünner. Vor längeren Touren sollte man also unbedingt auftanken.

**Hinweis:** Wer im *Kabriolet* oder offenen *Jeep* durch Madeira brausen möchte, sollte bedenken, dass dies durch die Wasserfälle in und neben den vielen Tunnels und entlang der regnerischen Nordküste ein nasses Vergnügen werden kann. Zudem ist auch immer mal wieder mit Steinschlag zu rechnen.

### Schiff

Die Porto Santo Line startet von Funchal tgl. außer Di um 8 Uhr, Fr um 17 Uhr. Abfahrt in Porto Santo tgl. außer Di um 18 Uhr, Fr um 21 Uhr. Die Überfahrt kann sehr stürmisch sein (gegen Seekrankheit vorbeugen) und je nach Seegang zwischen 2 und 3 Stunden dauern. **Auskunft:** Porto Santo Line, Rua da Praia 45, Funchal, Tel. 2 91 21 03 00.

### Taxi

Die Ziele in der Umgebung von Funchal kann man bequem mit dem Taxi erreichen. Es gibt zahlreiche Standplätze im Zentrum und in der Hotelzone. Im Stadtgebiet wird das Taxameter eingeschaltet.
Für *Ausflugsfahrten* per Taxi gelten feste Tarife, die das Fremdenverkehrsamt in einer Liste zusammengefasst hat.

*Mit offenem Verdeck kann man Porto Santo hervorragend erkunden – auf Madeira hingegen sollte man vor allem wegen der ›Wasserfälle‹ lieber nicht ›oben ohne‹ fahren*

# Sprachführer

## Das Wichtigste in Kürze

| | |
|---|---|
| Ja / Nein | Sim / Não |
| Bitte / Danke | Faz (por) favor / Obrigado |
| In Ordnung! / Einverstanden! | Está bem! / De acordo! |
| Entschuldigung! | Desculpe! |
| Wie bitte? | Como? |
| Ich verstehe Sie nicht. | Eu não compreendo. |
| Ich spreche nur wenig Portugiesisch. | Falo somente pouco português. |
| Können Sie mir helfen? | Poderia ajudar-me? |
| Das gefällt mir (nicht). | (Não) gosto disso. |
| Ich möchte ... | Gostaria de ... |
| Haben Sie ...? | Tem ...? |
| Gibt es ...? | Há ...? |
| Wie viel kostet das? | Quanto custa (é) isso? |
| Wie teuer ist ...? | Qual é o preço de ...? |
| Kann ich mit Kreditkarte bezahlen? | Posso pagar com cartão de crédito? |
| Wie viel Uhr ist es? | Que horas são? |
| Guten Morgen! | Bom dia! |
| Guten Tag! | Boa tarde! |
| Guten Abend! / Gute Nacht! | Boa noite! |
| Hallo! / Grüß dich! | Olá! / Como vai! |
| Mein Name ist ... | Meu nome é ... |
| Wie ist Ihr Name? | Como é seu nom? |
| Wie geht es Ihnen? | Como vai? |
| Auf Wiedersehen! | Até a próxima! |
| Tschüs! | Ciao! |

## Zahlen

| | | | |
|---|---|---|---|
| 0 | zero | 20 | vinte |
| 1 | um, uma | 21 | vinte e um |
| 2 | dois, duas | 22 | vinte e dois |
| 3 | três | 30 | trinta |
| 4 | quatro | 40 | quarenta |
| 5 | cinco | 50 | cinquenta |
| 6 | seis | 60 | sessenta |
| 7 | sete | 70 | setenta |
| 8 | oito | 80 | oitenta |
| 9 | nove | 90 | noventa |
| 10 | dez | 100 | cem |
| 11 | onze | 101 | cento e um |
| 12 | doze | 200 | duzentos |
| 13 | treze | 1 000 | mil |
| 14 | catorze | 2 000 | dois mil |
| 15 | quinze | 10 000 | dez mil |
| 16 | dezasseis | 1 000 000 | um milhão |
| 17 | dezassete | 1/4 | um quarto |
| 18 | dezoito | 1/2 | meio, meia |
| 19 | dezanove | | |

| | |
|---|---|
| Bis bald! | Até logo! |
| Bis morgen! | Até amanhã! |
| gestern / heute / morgen | ontem / hoje / amanhã |
| am Vormittag / am Nachmittag | de manhã / de tarde |
| am Abend / in der Nacht | à tardinha / à noite |
| um 1 Uhr / 2 Uhr ... | à uma hora / às duas horas ... |
| um Viertel vor ... | às quinze para ... |
| um Viertel nach ... | às ... e quinze |
| um ... Uhr 30 | às ... de meia |
| Minute(n) / Stunde(n) | minuto(s) / hora(s) |
| Tag(e) / Woche(n) | dia(s) / semana(s) |
| Monat(e) / Jahr(e) | mês (meses) / ano(s) |

## Wochentage

| | |
|---|---|
| Montag | segunda-feira |
| Dienstag | terça-feira |
| Mittwoch | quarta-feira |
| Donnerstag | quinta-feira |
| Freitag | sexta-feira |
| Samstag | sábado |
| Sonntag | domingo |

## Monate

| | |
|---|---|
| Januar | janeiro |
| Februar | fevereiro |
| März | março |
| April | abril |
| Mai | maio |
| Juni | junho |
| Juli | julho |
| August | agosto |
| September | setembro |
| Oktober | outubro |
| November | novembro |
| Dezember | dezembro |

## Maße

| | |
|---|---|
| Kilometer | quilómetro(s) |
| Meter | metro(s) |
| Zentimeter | centímetro(s) |
| Kilogramm | quilo(s) |
| Pfund | meio quilo / quinhentos gramas |
| Gramm | grama(s) |
| Liter | litro(s) |

## Unterwegs

| | |
|---|---|
| Nord / Süd / West / Ost | norte / sul / oeste / leste |
| oben / unten | em cima / em baixo |

| | |
|---|---|
| geöffnet / geschlossen | aberto / fechado |
| geradeaus | à direito (em frente) |
| links / rechts | à esquerda / à direita |
| zurück | para trás |
| nah / weit | perto / longe |
| Wie weit ist das? | Qual é a distância? |
| Wo ist die Toilette? | Onde é o quarto de banho (toilet)? |
| Wo ist die (der) nächste Telefonzelle / Bank / Polizei / Geldautomat? | Onde é o telefone público / o banco / o posto de polícia / a caixa electrónica / mais perto(-a) |
| Wo ist ... | Onde é (fica) ... |
| der Bahnhof / | a estação de camiho de ferro / |
| der Busbahnhof / | a estação rodoviária / |
| der Fährhafen / | o ferry-boat / |
| der Flughafen? | o aeroporto? |
| Wo finde ich ... | Onde vou achar ... |
| eine Bäckerei / | uma padaria / |
| ein Kaufhaus / | um armazém / |
| einen Supermarkt / | um supermercado / |
| den Markt? | o mercado(-a) feira? |
| Ist das die Straße nach ...? | Esta é a rua estrad para ...? |
| Ich möchte ... | Quero ir ... |
| mit dem Zug / | de comboio / |
| dem Schiff / | de navio / |
| der Fähre / | de ferry-boat |
| dem Flugzeug nach ... fahren. | de avião para ... |
| Gilt dieser Preis für Hin- und Rückfahrt? | Este preço vale para ida e volta? |
| Wo ist das Fremdenverkehrsamt / | Onde é o centro de informação turística / |
| ein Reisebüro? | uma agência de turismo? |
| Ich benötige eine Hotelunterkunft. | Estou à procura de um hotel. |
| Wo kann ich mein Gepäck lassen? | Onde posso deixar minha bagagem? |

## Zoll, Polizei

| | |
|---|---|
| Ich habe etwas (nichts) zu verzollen. | Tenho algo (nada) a declarar. |
| Ich habe nur persönliche Dinge. | Estou apenas com meus pertences pessoais. |
| Hier ist die Kaufbescheinigung. | Aqui está o comprovante de compra. |
| Hier ist mein(e) ... | Aqui está o meu ... |
| Geld / Pass / | dinheiro / passaporte / |
| Personalausweis / | bilhete de identidade / |
| Kfz-Schein / | livrete de veículo / |
| Versicherungskarte. | certificado de seguro. |
| Ich fahre nach ... und bleibe ... Tage / Wochen. | Vou a ... e fico ... dias / semanas. |
| Ich möchte eine Anzeige erstatten. | Quero apresentar uma queixa. |
| Man hat mir ... | Fui roubado(-a) ... |
| Geld / die Tasche / | meu dinheiro / minha bolsa / |
| die Papiere / | meus documentos / |
| die Schlüssel / | minhas chaves / |
| den Fotoapparat / | minha máquina fotográfica / |
| den Koffer / | minha mala / |
| das Fahrrad gestohlen. | minha bicicleta. |
| Verständigen Sie bitte das Deutsche Konsulat. | Faz favor de informar o Consulado Alemão. |

## Freizeit

| | |
|---|---|
| Ich möchte ein ... | Queria alugar (arrendar) ... |
| Fahrrad / | uma bicicleta / |
| Motorrad / | uma moto / |
| Surfbrett / | uma prancha de surfe / |
| Mountainbike / | uma mountainbike / |
| Boot / | um barco / |
| Pferd mieten. | um cavalo. |

### Hinweise zur Aussprache

Im Portugiesischen werden Vokale vor Konsonanten meist nasaliert. Bei Doppellauten werden immer beide Vokale gesprochen, wobei der erste stärker betont wird (meu pai = m é u p á i, mein Vater). Die Betonung liegt meist auf der vorletzten Silbe, ansonsten liegt sie auf dem Akzent.

| | |
|---|---|
| ã, õ | wie ›ang, ong‹, Bsp.: São |
| c | vor ›e, i‹ wie scharfes ›s‹, Bsp.: cerveja |
| | vor ›a, o‹ wie ›k‹, Bsp.: faca |
| ch | wie ›sch‹, Bsp.: ducha |
| ç | wie scharfes ›s‹, Bsp.: preço |
| ção | wie ›saong‹, Bsp.: estação |
| é | wie langgezogenes ›äh‹, Bsp.: crédito |
| g | vor ›a, o,u‹ wie ›g‹, Bsp.: gasolina |
| | vor ›e, i‹ wie weiches ›g‹ (Rage), Bsp.: longe |
| h | am Wortanfang stumm |
| j | wie weiches ›g‹(Rage), Bsp.: hoje |
| nh | wie langgezogenes ›nj‹, Bsp.: dinheiro |
| o | am Wortende als kurzes ›u‹, Bsp.: zero |
| qu | vor ›e, i‹ wie ›k‹, Bsp.: **quero, quilo** |
| | vor ›a, o‹ wie ›kw‹, Bsp.: **quarto** |
| x | wie ›sch‹, Bsp.: queixa |
| z | wie ›sch‹ am Wortende, Bsp.: fa**z** favor sonst wie ›s‹, Bsp.: onze |

**Sprachführer**

| | |
|---|---|
| Gibt es ein(en) … | Há por perto … |
| Freizeitpark / | um parque de lazer / |
| Freibad / | uma piscina pública / |
| Golfplatz | um campo de golfe? |
| in der Nähe? | |
| Wo ist die (der) nächste | Onde está a |
| Bademöglichkeit / | piscina / praia |
| Strand? | mais perta? |
| Wann hat … | Quando está |
| geöffnet? | aberto(-a) …? |

## Bank, Post, Telefon

| | |
|---|---|
| Brauchen Sie meinen Pass? | Precisa de meu passaporte? |
| Ich möchte eine Telefonverbindung nach … | Queria uma ligação telefónica por … |
| Wie lautet die Vorwahl für …? | Qual é o código de …? |
| Wo gibt es … | Onde vende-se … |
| Telefonkarten / | cartão telefónico / |
| Briefmarken? | selos? |

## Tankstelle

| | |
|---|---|
| Wo ist die nächste Tankstelle? | Onde é o próximo posto de gasolina |
| Ich möchte … Liter … | Quero … litros de … |
| Super / Diesel / | super / diesel / |
| bleifrei. | sem chumbo. |
| Volltanken, bitte! | Encher o tanque, por favor! |
| Bitte prüfen Sie … | Faz favor de controlar … |
| den Reifendruck / | a pressão dos pneus / |
| den Ölstand / | o nível de óleo / |
| den Wasserstand / | o nível de água / |
| die Batterie. | a bateria. |
| Würden Sie bitte … | Faz favor … |
| den Ölwechsel vornehmen / | de trocar o óleo / |
| den Radwechsel vornehmen / | de trocar o pneu / |
| die Zündkerzen erneuern / | de trocar as velas / |
| die Zündung nachstellen? | de ajustar a ignição? |

## Panne

| | |
|---|---|
| Ich habe eine Panne. | Estou com uma panne. |
| Der Motor startet nicht. | O motor não arranca. |
| Ich habe die Schlüssel im Wagen gelassen. | Deixei as chaves dentro do carro. |
| Ich habe kein Benzin / Diesel. | Estou sem gasolina / diesel. |
| Gibt es hier in der Nähe eine Werkstatt? | Há uma oficina aqui por perto? |

| | |
|---|---|
| Können Sie mein Auto abschleppen? | Pode rebocar meu carro? |
| Können Sie den Wagen reparieren? | Pode reparar o carro? |
| Bis wann? | Até quando? |

## Mietwagen

| | |
|---|---|
| Ich möchte ein Auto mieten. | Quero alugar um carro. |
| Was kostet die Miete… | Quanto é o aluguer … |
| pro Tag / | por dia / |
| pro Woche / | por semana / |
| mit unbegrenzter km-Zahl / | sem limite de quilometragem / |
| mit Kaskoversicherung / | com seguro contra todos os riscos / |
| mit Kaution? | com caução (depósito)? |
| Wo kann ich den Wagen zurückgeben? | Onde posso entregar o veículo? |

## Unfall

| | |
|---|---|
| Hilfe! | Socorro! |
| Achtung! / Vorsicht! | Atenção! / Cuidado! |
| Rufen Sie bitte schnell … | Favor de chamar rápido … |
| einen Krankenwagen / | a ambulância / |
| die Polizei / | a polícia / |
| die Feuerwehr. | os bombeiros. |
| Es war (nicht) meine Schuld. | (Não) foi a minha culpa. |
| Geben Sie mir bitte Ihren Namen und Ihre Adresse. | Por favor de me dar o seu nome e a sua direcção. |
| Ich brauche die Angaben zu Ihrer Autoversicherung. | Preciso dos dados de seu seguro de automóvel. |

## Krankheit

| | |
|---|---|
| Können Sie mir einen guten Deutsch sprechenden Arzt / Zahnarzt empfehlen? | Poderia me recomendar um bom médico / dentista que fala alemão? |
| Wann hat er Sprechstunde? | Qual é o horário de consulta? |
| Wo ist die nächste Apotheke? | Onde é a farmácia mais perto? |
| Ich brauche ein Mittel gegen … | Preciso de um remédio contra … |
| Durchfall / | diarreia / |
| Halsschmerzen / | dores de garganta / |
| Fieber / | febre / |
| Insektenstiche / | picadas de mosquitos (insetos) / |
| Verstopfung / | prisão de ventre (oclusão) / |
| Zahnschmerzen. | dores de dentes. |

## Im Hotel

| | |
|---|---|
| Können Sie mir ein Hotel / eine Pension empfehlen? | Poderia recomendar-me ... um hotel / uma pensão? |
| Ich habe hier ein Zimmer reserviert. | Reservei um quarto aqui. |
| Haben Sie ... ein Einzel- / Doppelzimmer ... | Tem ... um quarto de solteiro (individual) / um quarto de casal (de duas camas) |
| mit Bad / Dusche / | com banheiro / ducha / |
| für eine Nacht / | para uma noite / |
| für eine Woche / | para uma semana / |
| mit Blick aufs Meer? | com vista para o mar? |
| Was kostet das Zimmer ... | Quanto custa o quarto ... |
| mit Frühstück / | com café da manhã / |
| mit Halbpension / | com meia pensão / |
| mit Vollpension? | com pensão completa? |
| Wie lange gibt es Frühstück? | Até que horas serve o café da manhã? |
| Ich möchte um ... geweckt werden. | Faz favor de acordar-me às ... horas. |
| Ich reise heute Abend / morgen früh ab. | Vou partir hoje à tarde / amanhã de manhã. |
| Haben Sie ein Faxgerät / Hotelsafe? | Tem um fax / um cofre? |

## Im Restaurant

| | |
|---|---|
| Wo gibt es ein gutes / günstiges Restaurant? | Onde há um restaurante bom / barato? |
| Die Speisekarte / Getränkekarte, bitte. | O cardápio (lista, ementa) / A carta (lista) de bebidas, por favor. |
| Welches Gericht können Sie besonders empfehlen? | Que comida (prato) pode recomendar? |
| Ich möchte nur eine Kleinigkeit essen. | Queria apenas um tira-gosto. |
| Haben Sie vegetarische Gerichte? | Tem comida vegetariana? |
| Haben Sie offenen Wein? | Tem vinho aberto? |
| Welche alkoholfreien Getränke haben Sie? | Quais são as bebidas sem álcool que voce tem? |
| Können Sie mir bitte ... ein Messer / eine Gabel / einen Löffel geben? | Poderia dar-me ... uma faca / um garfo / uma colher, por favor. |
| Darf man rauchen? | Pode-se fumar? |
| Die Rechnung, bitte / Bezahlen, bitte! | A conta, por favor / Pagar, por favor! |

## Essen und Trinken

| | |
|---|---|
| Ananas | ananás / abacaxi |
| Apfel | maçã |
| Apfelsine | laranja |
| Aubergine | beringela |
| Banane | banana |
| Bier | cerveja |
| Braten | assado |
| Brot / Brötchen | pão / pãozinho |
| Butter | manteiga |
| Ei | ovo |
| Eintopf | cozido |
| Eiscreme | sorvete / gelado |
| Erdbeere | morango |
| Espresso | espresso / cafezinho |
| Espresso mit einem Schuss Milch | espresso com um pingo de leite |
| Essig | vinagre |
| Fisch | peixe |
| Flasche | garrafa |
| Fleisch | carne |
| Fruchtsaft | sumo de frutas |
| Frühstück | café da manhã |
| Geflügel | aves |
| Gemüse | legumes |
| Glas | copo |
| Gurke | pepino |
| Huhn | galinha |
| Hummer | lagosta |
| Kalb | vitela |
| Kartoffeln | batatas |
| Käse | queijo |
| Krug / Karaffe | caneca / jarro |
| Lachs | salmão |
| Meeresfrüchte | frutas do mar |
| Milch | leite |
| Milchkaffee | café com leite |
| Mineralwasser (mit / ohne Kohlensäure) | água mineral (com / sem gás) |
| Nachspeisen | sobremesas |
| Öl / Olivenöl | óleo / azeite |
| Oliven | azeitonas |
| Pfeffer | pimenta do reino |
| Pilze | cogumelos |
| Reis | arroz |
| Rindfleisch | carne de boi |
| Salat | salada |
| Salz | sal |
| Schinken | presunto |
| Schweinefleisch | carne de porco |
| Suppe | sopa / caldo |
| Süßigkeiten | doces |
| Tee | chá |
| Thunfisch | atum |
| Vorspeisen | entradas |
| Wassermelone | melancia |
| Wein (Weiß- / Rot- / Rosé-) | vinho ... (branco / tinto / rosé) |
| Weintrauben | uvas |
| Zucker | açúcar |

*Sprachführer*

# Register

## —A—
Achada do Teixeira 80
Água de Pena 91
Alemãos, Henrique 59
Arco de Calheta 59 f.
Arco de São Jorge 74
Azulejos **21**, 25, 26, 28, 29, 43, 55 f., 91, 97

## —B—
Balcões 100
Bernardo, José 43
Bewässerungstechnik 107
**Blandy's Garden** (Palheiro Gardens) 37, **39–41**, 42, 107
Blandy-Familie 28, 32, 39, 85
**Boaventura** 72 f.
**Boca da Encumeada** 56, 67, **103–105**

## —C—
**Cabo Girão** 49, **51 f.**
**Caldeirão Verde** 77 f., 80
**Calheta** 60–65
**Camacha** (Porto Santo) 119 f.
**Camacha** (Madeira) 45
Câmara, João Gonçalves da 53
**Câmara de Lobos** 18, **49–51**
**Campo de Baixo** (Porto Santo) 116–118
Campo Grande 106
**Caniçal** 92–95
**Caniço** 45–49
Caniço de Baixo 9, 46 f.
Carvalhal, João José 25
**Casas das Queimadas** 77 f.
Casas de Colmo 74 f.
Cascada do Risco 108 f.
Chão da Ribeira 70
Chão dos Louros 104
Christusorden 20, 22
Churchill, Winston 50, 52
**Curral das Freiras** 11, **52 f.**, 73

## —E—
Eira do Serrado 52
Elisabeth I. (Sissi) 14, 33, 52
Esmeraldo, João 12 f., 23, **58 f.**
Espada preta (Degenfisch) 50
Estreito da Calheta 62
**Estreito de Câmara de Lobos** 51 f.

## —F—
**Faial** 81
Fonte da Areia (Porto Santo) 119 f.
Franco, Francisco 22
Freitas, Frederico de 25
**Funchal** 6, 9, **13–38**
  Alfándega Velha 28
  Avenida Arriaga 22
  Avenida do Mar 18, **19 f.**
  Câmara do Comercio 28
  Câmara Municipal 25
  Capela de Santa Catarina 31–33
  Capela do Corpo Santo 30
  Casino da Madeira 33
  Convento Santa Clara 25 f.
  Fortaleza São Tiago 30
  Igreja do Socorro 31
  Jardim Municipal 28
  Lido 33
  Mercado dos Lavradores 29
  Monumento do Infante 31
  Monumento Zarco 22
  Museu de Arte Contemporânea 30
  Museu de Arte Sacra **23–25**, 57
  Museu do Bordado, Tapeçarias e Artesanato 28 f.
  Museu Dr. Frederico de Freitas 21, **25**
  Museu Fotografia Vicentes **27**, 52
  Museu Municipal 25
  Núcleo Museológico a Cidade do Açugar 23
  Palácio de São Lourenço 19 f., 22
  Parque de Santa Catarina 31–33
  Parque Quinta Vigia 33
  Praça de Autonomia 28
  Praia de Barreirinha 30 f.
  Quinta das Cruzes 21, 26 f.
  Quinta Magnólia 33
  Reid's Palace Hotel 14, **32**, 33, 36, 52
  San Francisco Wine Lodge 27 f.
  Santa Clara 21, 26
  São João Evangelista 25
  São Pedro 25
  Sé 13, 21, **22 f.**
  Teatro Municipal 28
  Teleférico (Kabinenbahn) 28, 43, 44
  Zona Velha 28–31

## —G—
Garajau 46
Gobelins 29
Grabham, Michael 45
Grutas de São Vicente 71

## —H—
Heinrich der Seefahrer 12, 87, 111

## —I—
Illhas Desertas 8, 11, 34, 91, 96

## —J—
**Jardim Botânico da Madeira** 38 f.
Jardim do Mar 63
Jardim dos Loiros 38
Jardim Orquídea 39
Jardim, Alberto João 15
João I. 12, 87

## —K—
Karl I. (österreichischer Kaiser) 41

# Register

Kolumbus, Christoph 12, 33, 59, 112, **113**, 114
Korbflechterei 45, 81
Korbschlittenfahrt 43

## L

Ladislaus III. 59
Laurazeen 10, 37, 44, 69, 71, 99, **100**, 101, 104, 108
Levada 25 Fontes 109
Levada do Furado 100 f.
Levada do Risco 108 f.
Levada dos Tornos 42, 107
Levadas 100, **107**, 108
Lorbeer *siehe* Laurazeen

## M

Machico 86–92
 Banda d'Além 88
 Câmara Municipal 88 f.
 Capela de São Roque 91
 Capela do Senhor dos Milagres 88
 Casa das Bordadeiras de Machico 91
 Dom-Pedro-Baia-Hotel 90 f.
 Forte de Nossa Senhora do Amparo 90
 Forte de São João Baptista 88
 Monumento do Tristão Vaz Teixeira 90
 Nossa Senhora da Conceiçao 89
 Praça do Peixe 90
 Praia de São Roque 90
**Madalena do Mar** 58 f.
Madeira-Stickerei 29, 75, **76**
Manuel I. 12, 57, 62, 88 f.
Meeresschwimmbecken 68, 72, 82
Moniz, Francisco 67
Monte 41–**45**, 107
Monte Palace Hotel 41, 43
Monte Palace Tropical Garden 21, 37, 43 f.

## N

Niemeyer, Oscar 33
Nossa Senhora do Monte 41 f.

## O

Orchideen 39, 43

## P

Palheiro Gardens *siehe* Blandy's Garden
Palheiros 81 f.
Parque National de Madeira 100
Paso de Poiso 101
Paso de Portela 83, 101
Passos, John dos 59
**Paúl da Serra** 8, 9, 62, 67, 69, 85, **105 f.**, 108
Paúl do Mar 63
Pedro I. 14
**Penha de Águia 81 f.**, 100
Penha de Águia de Baixa 81
Perestrelo, Bartolomeu 12, 111, 112
Perestrelo, Filipa Moniz 113
Perestrelo, Garça 87
Phelps, Elizabeth 14, 76
Pico das Torres 80, 100, 102
**Pico do Arieiro** 101–103
**Pico do Castello** (Porto Santo) 118 f.
Pico do Facho (Madeira) 91
Pico do Facho (Porto Santo) 118, 120
Pico dos Barcelos 34
**Pico Ruivo** 78, **80 f.**, 100, 102
Ponta de Calheta (Porto Santo) 116
**Ponta de São Lourenço** 67, 82, **95 f.**
 Porta da Abra 95
 Prainha 95
 Punta do Rosto 95
**Ponta Delgada** 72 f.
**Ponta do Pargo 65**, 67
**Ponta do Sol** 58 f.
**Porto da Cruz** 82 f.
Porto de Abrigo (Porto Santo) 114
**Porto Moniz** 67 f.

Porto Santo 37, **111–121**
 Camacha 119 f.
 Campo de Baixo 116–118
 Fonte da Areia 119 f.
 Pico do Castello 118 f.
 Ponta de Calheta 116
 Porto de Abrigo 114
 Salões 118
 Serra de Dentro 120 f.
 Serra de Fora 121
 Vila Baleira 111–116
Prazeres 63

## R

**Rabaçal** 106, **108**
Reid, William 32
**Ribeira Brava** 55–58
**Ribeira da Janela 69**, 108
Ribeira de João Gomes 42
Ribeira de São Vicente 104
**Ribeira do Inferno** 69 f.
Ribeira do Machico 92
Ribeira do S. Bartolomeu 62
**Ribeiro Frio** 99–101
Rio do São Vicente 70
Romero 42

## S

Salazar, Antonio d'Oliveira 15
**Salões** (Porto Santo) 118
Santa Catarina (Flughafen) 15, 91, 97
**Santa Cruz** 96 f.
**Santana** 74 f., 77
**Santo António da Serra** 85 f.
Santo da Serra 8, 9, 85
**São Jorge** 73 f.
**São Vicente** 56, 67, **70–72**
**Seixal** 69 f.
Selvagens 8, 10, 12
Serra de Água 103
Serra de Dentro (Porto Santo) 120 f.
Serra de Fora (Porto Santo) 121
Shaw, George Bernard 52

141

Silva, Vicente Gomes da 27
Sprotte, Armin 47
Sprotte, Siegward 47
Strände 111, 117
Strelitzien 37, 38

—T—

Teixeira, Branca 89
Teixeira, Tristão Vaz 12, 19, 46, 87, 89, 90, 111

Tourismus 15, 19, 32

—V—

Vegetation *s. a. Laurazeen* 10, **37**, 38, 43 f., 95, 99 f., 105
**Villa Baleira** (Porto Santo) 111–116

—W—

Walfang 92, 93 f.

Waschkewitz, Rainer 47
Weinanbau 14, 19, 51, 67 f., 69 f., 82, 86,
Weyden, Rogier van der 57

—Z—

Zarco, João Gonçalves **12, 18 f.,** 26, 45, 49, 61, 86, 87, 96, 111
Zucker 13, 19, 23, 26, 55,

**Bildnachweis**

*AKG, Berlin*: 12 (3), 13, 14 unten, 15 – *Hartmut Friedrichsmeier, Hamburg*: 46 unten, 49 oben, 54 unten, 61 unten, 64 (2), 86, 109 oben, 114, 131, 132, 133 – *Huber, Garmisch-Partenkirchen*: 104/105 – *Friedrich Köthe, München*: 6, 6/7, 8 Mitte, 10 oben, 11 unten, 16/17, 18, 19, 23, 24 oben, 25, 26, 27 (2), 28, 31 (2), 34, 35 unten, 40, 42, 43, 44 oben, 47, 48, 51, 52, 53 (2), 54 oben, 59 (2) 60 unten, 61 oben, 62 oben, 63 unten, 66, 67, 68, 69 oben, 72, 73 oben, 74 unten, 75 oben, 77, 78 oben, 79, 80, 81, 82, 83, 84, 87, 88, 89 (2), 90 (2), 92, 93, 94, 95, 96, 97 unten, 98 unten, 99, 101 (2), 102 (2), 106 (2), 107, 108 unten, 109 unten, 110 (2), 111, 112, 113 (2), 117 (2), 119 unten, 120 (2), 122 Mitte und oben rechts, 124, 126 oben, 127 oben, 129, 134, 135 – *laif, Köln*: 65 (Miguel Gonzalez) – *Martin Thomas, Aachen*: 10 unten, 21, 55, 60 oben, 63, 73 unten, 75 unten, 115, 122 oben links, 130 – *Ullstein, Berlin*: 14 oben – *Hanna Wagner, Wörth*: 97 oben – *Ernst Wrba, Sulzbach/Taunus*: 5 links, 7 oben, 8 oben, 8/9 oben, 9 (2), 11 (2), 20 (2), 22, 24 (unten), 29 (2), 30 (2), 32, 33, 35 oben, 36, 37 (4), 41, 44 unten, 45, 46 oben, 49 unten, 50, 56 (2), 57, 58 62 unten, 69 unten, 70, 71 (2), 74 oben, 76, 78 unten, 91, 98 oben, 103, 104 unten, 108 oben, 116 (2), 118, 119 oben, 121, 122 unten (2), 125, 126 unten, 127 unten, 128

# Reisen mit Lust und Laune.

Die Reisemagazine vom ADAC gibt es für Städte, Länder und Regionen.

Alle zwei Monate neu.

**In der ADAC-Reiseführer-Reihe sind erschienen:**

Ägypten
Algarve
Amsterdam
Andalusien
Australien
Bali und Lombok
Barcelona
Berlin
Bodensee
Brandenburg
Brasilien
Bretagne
Budapest
Burgund
Costa Brava und
  Costa Daurada
Côte d'Azur
Dalmatien
Dänemark
Dominikanische Republik
Dresden
Elsass
Emilia Romagna
Florenz
Florida
Französische
  Atlantikküste
Fuerteventura
Gardasee
Golf von Neapel
Gran Canaria
Hamburg
Hongkong und Macau
Ibiza und Formentera
Irland
Israel
Istrien und Kvarner Golf
Italienische Adria
Italienische Riviera
Jamaika
Kalifornien
Kanada – Der Osten
Kanada – Der Westen
Karibik
Kenia
Kreta
Kuba
Kykladen
Lanzarote
London
Madeira
Mallorca
Malta
Marokko
Mauritius
  und Rodrigues
Mecklenburg-
  Vorpommern
Mexiko
München
Neuengland
Neuseeland
New York
Niederlande
Norwegen
Oberbayern
Österreich
Paris
Peloponnes
Piemont, Lombardei,
  Valle d'Aosta
Portugal
Prag
Provence
Rhodos
Rom
Rügen, Hiddensee,
  Stralsund
Salzburg
Sardinien
Schleswig-Holstein
Schottland
Schwarzwald
Schweden
Schweiz
Sizilien
Spanien
St. Petersburg
Südafrika
Südengland
Südtirol
Teneriffa
Tessin
Thailand
Toskana
Tunesien
Türkei-Südküste
Türkei-Westküste
Umbrien
Ungarn
USA-Südstaaten
USA-Südwest
Venedig
Venetien und Friaul
Wien
Zypern

**Weitere Titel in Vorbereitung**

Impressum

Umschlag-Vorderseite:
Madeiras Steilküsten sind atemberaubend – Blick von São Vicente nach Seixal
Foto: Martin Thomas, Aachen

Titelseite: Die Strelitzie ist Madeiras Nationalblume
Foto: Ernst Wrba, Sulzbach/Taunus

Abbildungen: siehe Bildnachweis S. 142

Lektorat und Bildredaktion:
Cornelia Greiner, München
Aktualisierung: Cathrin Feith
Gestaltung: Norbert Dinkel, München
Layout: Hartmut Czauderna, Gräfelfing
Karten: Astrid Fischer-Leitl, München
Reproduktion: eurocrom 4, Villorba/Italien
Satz: Filmsatz Schröter GmbH, München
Druck, Bindung: Passavia Druckservice, Passau

Printed in Germany

ISBN 3-87003-937-X

Gedruckt auf chlorfrei gebleichtem Papier

3., neu bearbeitete Auflage 2003
© ADAC Verlag GmbH, München

Redaktion ADAC-Reiseführer:
ADAC Verlag GmbH, 81365 München,
E-Mail: verlag@adac.de

Das Werk einschließlich aller seiner Teile ist urheberrechtlich geschützt. Jede Verwendung ohne Zustimmung des Verlags ist unzulässig und strafbar. Das gilt insbesondere für Vervielfältigungen, Übersetzungen, Mikroverfilmungen und die Verarbeitung in elektronischen Systemen.
Die Daten und Fakten für dieses Werk wurden mit äußerster Sorgfalt recherchiert und geprüft. Da vor allem touristische Informationen häufig Veränderungen unterworfen sind, kann für die Richtigkeit der Angaben leider keine Gewähr übernommen werden. Die Redaktion ist für Hinweise und Verbesserungsvorschläge dankbar.